プリント形式のリアル過去問で本番の臨場感！

香川県

大手前丸亀中学校

2025年春受験用　解答集

本書は，実物をなるべくそのままに，プリント形式で年度ごとに収録しています。
問題用紙を教科別に分けて使うことができるので，本番さながらの演習ができます。

■　収録内容

・解答集（この冊子です）

書籍ＩＤ番号，この問題集の使い方，最新年度実物データ，リアル過去問の活用，
解答例と解説，ご使用にあたってのお願い・ご注意，お問い合わせ

・2024（令和６）年度　～　2020（令和２）年度　学力検査問題

JN131781

○は収録あり	年度	'24	'23	'22	'21	'20
■ 問題（前期）※1		○	○	○	○	○
■ 解答用紙		○	○	○	○	○
■ 配点						※2

算数に解説
があります

※1…2022年度は後期を収録
※2…2020年度の配点は，算数のみ公表
注）国語問題文非掲載：2024年度の【一】，2023年度の【二】，2021年度の【二】

問題文の非掲載につきまして

著作権上の都合により，本書に収録している過去入試問題の本文の一部を掲載しておりません。ご不便をおかけし，誠に申し訳ございません。

本文の一部を掲載できなかったことによる国語の演習不足を補うため，論説文および小説文の演習問題のダウンロード付録があります。弊社ウェブサイトから書籍ＩＤ番号を入力してご利用ください。

なお，問題の量，形式，難易度などの傾向が，実際の入試問題と一致しない場合があります。

教英出版

■　書籍ＩＤ番号

入試に役立つダウンロード付録や学校情報などを随時更新して掲載しています。
教英出版ウェブサイトの「ご購入者様のページ」画面で，書籍ＩＤ番号を入力してご利用ください。

書籍ＩＤ番号　101436

（有効期限：2025年9月30日まで）

【入試に役立つダウンロード付録】
「要点のまとめ(国語／算数)」
「課題作文演習」ほか

■　この問題集の使い方

年度ごとにプリント形式で収録しています。針を外して教科ごとに分けて使用します。①片側，②中央のどちらかでとじてありますので，下図を参考に，問題用紙と解答用紙に分けて準備をしましょう（解答用紙がない場合もあります）。

針を外すときは，けがをしないように十分注意してください。また，針を外すと紛失しやすくなりますので気をつけましょう。

① 片側でとじてあるもの　　② 中央でとじてあるもの

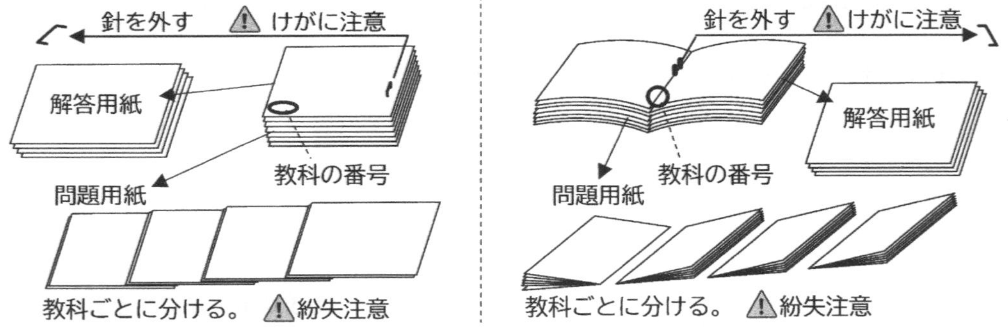

※教科数が上図と異なる場合があります。
解答用紙がない場合や，問題と一体になっている場合があります。
教科の番号は，教科ごとに分けるときの参考にしてください。

■　最新年度　実物データ

実物をなるべくそのままに編集していますが，収録の都合上，実際の試験問題とは異なる場合があります。実物のサイズ，様式は右表で確認してください。

問題用紙	Ｂ４片面プリント
解答用紙	Ｂ４片面プリント

リアル過去問の活用

～リアル過去問なら入試本番で力を発揮することができる～

✿ 本番を体験しよう！

問題用紙の形式（縦向き / 横向き），問題の配置や余白など，実物に近い紙面構成なので本番の臨場感が味わえます。まずはパラパラとめくって眺めてみてください。「これが志望校の入試問題なんだ！」と思えば入試に向けて気持ちが高まることでしょう。

✿ 入試を知ろう！

同じ教科の過去数年分の問題紙面を並べて，見比べてみましょう。

① 問題の量

毎年同じ大問数か，年によって違うのか，また全体の問題量はどのくらいか知っておきましょう。どのくらいのスピードで解けば時間内に終わるのか，大問ひとつにかけられる時間を計算してみましょう。

② 出題分野

よく出題されている分野とそうでない分野を見つけましょう。同じような問題が過去にも出題されていることに気がつくはずです。

③ 出題順序

得意な分野が毎年同じ大問番号で出題されていると分かれば，本番で取りこぼさないように先回りして解答することができるでしょう。

④ 解答方法

記述式か選択式か（マークシートか），見ておきましょう。記述式なら，単位まで書く必要があるかどうか，文字数はどのくらいかなど，細かいところまでチェックしておきましょう。計算過程を書く必要があるかどうかも重要です。

⑤ 問題の難易度

必ず正解したい基本問題，条件や指示の読み間違いといったケアレスミスに気をつけたい問題，後回しにしたほうがいい問題などをチェックしておきましょう。

✿ 問題を解こう！

志望校の入試傾向をつかんだら，問題を何度も解いていきましょう。ほかにも問題文の独特な言いまわしや，その学校独自の答え方を発見できることもあるでしょう。オリンピックや環境問題など，話題になった出来事を毎年出題する学校だと分かれば，日頃のニュースの見かたも変わってきます。

こうして志望校の入試傾向を知り対策を立てることこそが，過去問を解く最大の理由なのです。

✿ 実力を知ろう！

過去問を解くにあたって，得点はそれほど重要ではありません。大切なのは，志望校の過去問演習を通して，苦手な教科，苦手な分野を知ることです。苦手な教科，分野が分かったら，教科書や参考書に戻って重点的に学習する時間をつくりましょう。今の自分の実力を知れば，入試本番までの勉強の道すじが見えてきます。

✿ 試験に慣れよう！

入試では時間配分も重要です。本番で時間が足りなくなってあわてないように，リアル過去問で実戦演習をして，時間配分や出題パターンに慣れておきましょう。教科ごとに気持ちを切り替える練習もしておきましょう。

✿ 心を整えよう！

入試は誰でも緊張するものです。入試前日になったら，演習をやり尽くしたリアル過去問の表紙を眺めてみましょう。問題の内容を見る必要はもうありません。どんな形式だったかな？受験番号や氏名はどこに書くのかな？…ほんの少し見ておくだけでも，志望校の入試に向けて心の準備が整うことでしょう。

そして入試本番では，見慣れた問題紙面が緊張した心を落ち着かせてくれるはずです。

※まれに入試形式を変更する学校もありますが，条件はほかの受験生も同じです。心を整えてあせらずに問題に取りかかりましょう。

2024 解答例 大手前丸亀中学校

令和6年度

《国　語》

【一】問一. a. 困難 b. 鏡 c. 厚 d. 貧 e. 責任　問二. 1. ア 2. イ 3. エ

問三. D　問四. 1. 石炭や石油やガスを燃やす 2. Ⅰ. 二酸化炭素 Ⅱ. 太陽の熱 Ⅲ. 気温

問五. イ　問六. 気候変動　問七. ア　問八. ほぼ無限にエネルギーを作り出せる太陽光発電や風力発電などの方法にシフトする

【二】問一. a. 機会 b. 仕草 c. 観察 d. 借 e. 保管　問二. 1. エ 2. ア 3. イ

問三. ⅰ. イ ⅱ. ウ　問四. エ　問五. ウ　問六. Ⅰ. 好き Ⅱ. 石 Ⅲ. 興奮している　問七. ア

問八. Ⅰ. わかってもらえるわけがない Ⅱ. 宮多 Ⅲ. 信じられない　問九. イ

《算　数》

【1】(1)9　(2)90　(3)0.3　(4)$6\frac{7}{30}$　(5)101　(6)39　(7)37.68　(8)60　(9)40　(10)9.6　(11)9　(12)18

【2】まわりの長さ…34.26　面積…42.39

【3】(1)50.24　(2)80

【4】228.8

【5】(1)9.9　(2)9.5　(3)35

【6】(1)1600　(2)160

【7】(1)48　(2)10時40分　(3)9時40分

《英　語》

【1】1. 浜辺／砂浜／海岸 のうち1つ　2. イギリス〔別解〕英国　3. 10月　4. お風呂〔別解〕トイレ

5. 世界　6. 休暇／休み／休日 のうち1つ　7. 辞書〔別解〕辞典　8. 平和　9. 考え

10. 100(の)〔別解〕百(の)

【2】1. ア　2. ウ　3. イ　4. イ　5. イ　6. イ　7. ア　8. ウ　9. ア　10. ウ

【3】[①／②]　1. [ウ／エ]　2. [エ／ア]　3. [ア／イ]　4. [エ／ウ]　5. [イ／ア]

6. [エ／ウ]　7. [ウ／イ]　8. [ウ／エ]　9. [イ／ウ]　10. [エ／ア]　11. [ウ／エ]

12. [ウ／エ]

【4】1. 私はあのイチョウの木も見たい。　2. イチョウの木の下で友人達とお昼ごはんを食べたこと。（下線部は友達でもよい）　3. ①11月12日　②×　③11月26日　④11月19日

【1】

(1) 与式＝12－12÷４＝12－３＝**9**

(2) 与式＝162－132÷(32－21)×６＝162－132÷11×６＝162－12×６＝162－72＝**90**

(3) 与式＝５－2.7－２＝３－2.7＝**0.3**

(4) 与式＝$3\frac{6}{15}+3\frac{5}{15}-\frac{1}{2}=6\frac{11}{15}-\frac{1}{2}=6\frac{22}{30}-\frac{15}{30}=\mathbf{6\frac{7}{30}}$

(5) 与式＝５÷(0.25－0.2)＋５×(0.4－0.2)＝５÷0.05＋５×0.2＝100＋１＝**101**

(6) 図の台形の面積は，(５＋８)×６÷２＝13×３＝**39**(㎠)

(7) **【解き方】おうぎ形の面積は，中心角の大きさに比例する。**

半径６㎝の円の面積は６×６×3.14＝36×3.14(㎠)で，中心角の大きさが120°のおうぎ形の面積は，同じ半径の円の面積の$\frac{120°}{360°}=\frac{1}{3}$(倍)だから，36×3.14×$\frac{1}{3}$＝12×3.14＝**37.68**(㎠)である。

(8) **【解き方】三角形の１つの外角は，これととなりあわない２つの内角の和に等しいことを利用する。**

角x＋62°＝122°だから，角x＝122°－62°＝**60°**

(9) 姉がもらう枚数は全体の$\frac{8}{8+7}=\frac{8}{15}$だから，75×$\frac{8}{15}$＝**40**(枚)

(10) **【解き方】(速さ)＝(道のり)÷(時間)で求められる。**

45分＝(45÷60)時間＝$\frac{3}{4}$時間だから，求める速さは，7.2÷$\frac{3}{4}$＝9.6より，時速**9.6**㎞である。

(11) ６％の食塩水150ｇにふくまれる食塩の量は，150×$\frac{6}{100}$＝**9**(ｇ)

(12) 最大公約数を求めるときは，右の筆算のように割り切れる数で次々に割っていき，割った数をすべてかけあわせればよい。よって，28と70の最大公約数は，２×３×３＝**18**

2) 54 180
3) 27 90
3) 9 30
3 10

【2】

斜線《しゃせん》部分のまわりの長さについて，曲線部分の長さは，直径12㎝の半円の曲線部分と直径12÷２＝６(㎝)の半円の曲線部分の長さの和だから，

12×3.14÷２＋６×3.14÷２＝９×3.14＝28.26(㎝)である。直線部分の長さは

12÷２＝６(㎝)である。よって，斜線部分のまわりの長さは28.26＋６＝**34.26**(㎝)

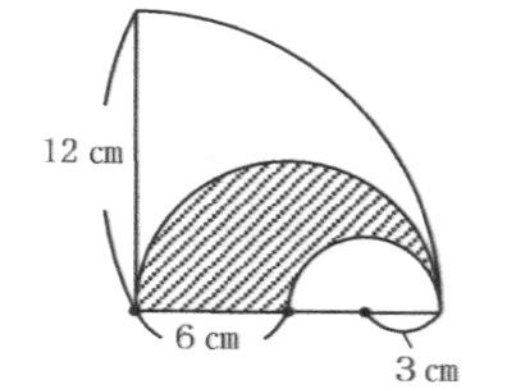

斜線部分の面積は，半径12÷２＝６(㎝)の半円の面積から，半径６÷２＝３(㎝)の半円の面積を引いた面積だから，６×６×3.14÷２－３×３×3.14÷２＝(18－4.5)×3.14＝**42.39**(㎠)である。

【3】

(1) 底面積は２×２×3.14＝４×3.14(㎠)だから，求める面積は４×3.14×４＝16×3.14＝**50.24**(㎤)である。

(2) 底面積は４×６＝24(㎠)だから，求める面積は24×10÷３＝**80**(㎤)である。

【4】

体積が10×８×６＝480(㎤)の直方体から，半径が８÷２＝４(㎝)で高さが10㎝の円柱の半分をくりぬいた立体である。よって，求める体積は480－４×４×3.14×10÷２＝480－251.2＝**228.8**(㎤)

【5】

(1) **【解き方】(平均値)＝(通学時間の合計)÷(人数)で求められる。**

20人の通学時間の合計は，

７＋16＋13＋９＋３＋12＋９＋14＋６＋18＋11＋３＋８＋22＋13＋５＋12＋２＋10＋５＝198(分)である。

よって，求める平均値は198÷20＝**9.9**(分)

⑵　**【解き方】中央値は，データを大きさ順に並べたときの真ん中にくる値である。データが偶数個の場合は，真ん中にくる２つの値の平均を中央値とする。**

20÷２＝10より，中央値は，大きさ順で10番目と11番目の通学時間の平均である。データを小さい方から並べると，２，３，３，５，５，６，７，８，９，９，10，…となるので，中央値は(９＋10)÷２＝**9.5**(分)である。

⑶　10分以上15分未満の人の通学時間を小さい方から並べると，10，11，12，12，13，13，14だから，７人いる。よって，全体の７÷20×100＝**35**(%)

【６】

⑴　２日目に飲んだ牛乳は，買ってきた牛乳の$(100-60)\times\frac{25}{100}$＝10(%)だから，残った牛乳は買ってきた牛乳の100－60－10＝30(%)で，その量は480㎤である。よって，買ってきた牛乳は$480\div\frac{30}{100}$＝**1600**(㎤)

⑵　２日目に飲んだ牛乳は1600㎤の10%だから，$1600\times\frac{10}{100}$＝**160**(㎤)

【７】

⑴　太郎さんは40×２＝80(㎞)を移動するのに，９時50分－８時－10分＝１時間40分＝(１＋40÷60)時間＝$1\frac{2}{3}$時間かかったから，求める速さは，$80\div1\frac{2}{3}$＝48より，時速**48㎞**である。

⑵　**【解き方】まず，花子さんの移動する速さを求める。**

２人が８時32分に出会ったとき，太郎さんはＡ地点から$48\times\frac{32}{60}$＝25.6(㎞)進んでいる。したがって，花子さんは８時32分－８時５分＝27(分間)で40－25.6＝14.4(㎞)進んだことになる。よって，花子さんの速さは，$14.4\div\frac{27}{60}$＝32より，時速32㎞である。花子さんが１往復するのにかかる時間は40×２÷32＝2.5(時間)，つまり２時間30分である。よって，求める時刻は，８時５分＋２時間30分＋５分＝**10時40分**である。

⑶　**【解き方】太郎さんがＢ地点を出発する時間，花子さんがＡ地点を出発する時間をそれぞれ求める。**

40㎞を移動するのに，太郎さんは40÷48×60＝50(分間)，花子さんは40÷32×60＝75(分間)かかることから，太郎さんはＢ地点を９時50分－50分＝９時に，花子さんはＡ地点を10時40分－75分＝９時25分に出発したとわかる。花子さんがＡ地点を出発するとき，太郎さんはＢ地点を出発してから25分間移動し，Ｂ地点から$48\times\frac{25}{60}$＝20(㎞)進んでいる。よって，２回目に出会うのは，９時25分の(40－20)÷(48＋32)×60＝15(分後)だから，求める時刻は，９時25分＋15分＝**９時40分**である

大手前丸亀中学校

《国　語》

【一】問一．a．厳　b．想像　c．期待　d．発展　e．感謝　問二．1．エ　2．ウ　3．ア
問三．A．ウ　B．エ　C．イ　問四．イ　問五．Ⅰ．人びとが望んでいるもの　Ⅱ．努力　Ⅲ．製品を安く大量に製造する　問六．一つ目…白熱電燈を発明したこと。　二つ目…電気が真空のなかを流れることを見出したこと。　問七．イ

【二】問一．a．簡単　b．不思議　c．窓　d．登場　e．折　問二．1．イ　2．ウ　3．ア
問三．1．エ　2．ウ　問四．大人にも自分と同じように弱い部分があるということ。　問五．イ
問六．Ⅰ．料理　Ⅱ．母親らしいこと　Ⅲ．うまく暮らせない　問七．ア

《算　数》

【1】(1)29　(2)20　(3)0.625　(4)5　(5)0.1　(6)18　(7)25.12　(8)106　(9)35　(10)42　(11)270

【2】面積…6.88　周の長さ…20.56

【3】(1)320　(2)314

【4】4

【5】(1)14.5　(2)15　(3)18

【6】(1)35　(2)29　(3)7

【7】(1)80　(2)10　(3)20，36

《英　語》

【1】1．11月　2．ラクダ　3．地下鉄　4．ハサミ　5．とてもおいしい　6．美しい　7．砂漠
8．ウミガメ　9．チョウ　10．歯

【2】1．ウ　2．イ　3．ア　4．ウ　5．ア　6．ウ　7．ウ　8．ウ　9．ウ　10．イ
11．ア　12．ア　13．ウ　14．ウ　15．イ　16．イ　17．ア　18．ウ　19．ア　20．イ

【3】[①／②]　1．[イ／ウ]　2．[エ／ウ]　3．[イ／ア]　4．[ウ／エ]　5．[エ／ア]
6．[ア／イ]　7．[イ／ア]　8．[ウ／エ]　9．[イ／エ]　10．[イ／ア]

【4】1．5月にあった京都，奈良への修学旅行　2．バスや電車で友達とのおしゃべりを楽しんだこと
3．火曜日と木曜日　4．中学校の図書室にある料理の本を読むこと　5．私は中学校ではサッカー部に入りたい。

【1】

(1) 与式＝33－28÷7＝33－4＝**29**

(2) 与式＝6×(5＋7)－52＝6×12－52＝72－52＝**20**

(3) 与式＝1－0.15÷0.4＝1－0.375＝**0.625**

(4) 与式＝$\frac{18}{5}\times\frac{13}{6}-\frac{21}{4}\div\frac{15}{8}=\frac{39}{5}-\frac{21}{4}\times\frac{8}{15}=\frac{39}{5}-\frac{14}{5}=\frac{25}{5}=$ **5**

(5) 与式＝$1.2\times(\frac{5}{12}+\frac{2}{3}-1)=1.2\times(\frac{5}{12}+\frac{8}{12}-\frac{12}{12})=1.2\times\frac{1}{12}=$ **0.1**

(6) **【解き方】ひし形の面積は，(対角線)×(対角線)÷2，で求められる。**

9×4÷2＝**18**(㎠)

(7) **【解き方】円周の長さは，(半径)×2×3.14，で求められる。**

4×2×3.14＝**25.12**(cm)

(8) **【解き方】四角形の内角の和は360°である。**

x＝360°－66°－90°－98°＝**106**°

(9) $28\times\frac{5}{4}$＝**35**(個)

(10) 最大公約数を求めるときは，右の筆算のように割り切れる数で次々に割っていき，割った数をすべてかけあわせればよい。よって，84と126の最大公約数は，2×3×7＝**42**

```
2) 84  126
3) 42   63
7) 14   21
    2    3
```

(11) 200×(1＋0.35)＝200×1.35＝**270**(g)

【2】

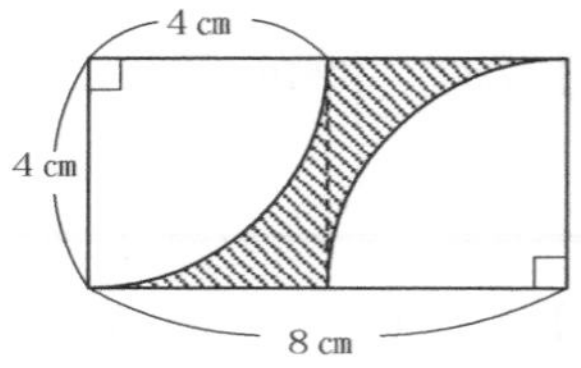

おうぎ形の半径は8÷2＝4(cm)だから，長方形のたての長さも4cmである。

斜線部分の面積は，$4\times8-4\times4\times3.14\times\frac{90°}{360°}\times2=32-8\times3.14=$ **6.88**(㎠)

斜線部分の周囲の長さについて，直線部分の長さの和は(8－4)×2＝8(cm)，

曲線部分の長さの和は$4\times2\times3.14\times\frac{90°}{360°}\times2=4\times3.14=12.56$(cm)だから，

合わせて8＋12.56＝**20.56**(cm)である。

【3】

(1) **【解き方】すい体の体積は，(底面積)×(高さ)÷3，で求められる。**

底面積が20×8÷2＝80(㎠)，高さが12cmだから，体積は80×12÷3＝**320**(㎤)である。

(2) **【解き方】柱体の体積は，(底面積)×(高さ)，で求められる。**

底面積が5×5×3.14＝25×3.14(㎠)，高さが4cmだから，体積は25×3.14×4＝100×3.14＝**314**(㎤)である。

【4】

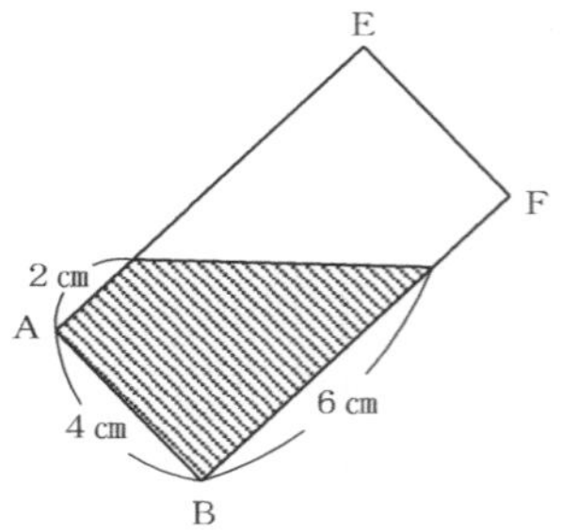

【解き方】図1でも図2でも水の体積は，面ABFEのうち水に接している部分を底面とする，高さが5cmの四角柱の体積と考えることができる。したがって，面ABFEのうち水に接している部分の面積が等しい。

面ABFEの水に接している部分は，図1では横の長さが4cmの長方形，図2では高さが4cmの台形(右図の斜線部分)である。長方形を台形と考えると，ともに高さが4cmの台形だから，(上底)＋(下底)が2＋6＝8(cm)ならばよい。

よって，図1の水の高さは，8÷2＝**4**(cm)

【５】

【解き方】データを小さい順に並べかえると，７，９，10，10，11，12，14，14，16，17，18，18，18，19，19，20 となる。

⑴　**【解き方】(平均値)＝(合計)÷(人数)，で求められる。**

合計は，７＋９＋10×２＋11＋12＋14×２＋16＋17＋18×３＋19×２＋20＝232(点)だから，平均値は 232÷16＝**14.5**(点)である。

⑵　**【解き方】中央値は，データを大きさの順に並べたときの真ん中にくる値《あたい》である。データが偶数個の場合は，真ん中にくる２つの値の平均を中央値とする。**

真ん中にくる２つの値は，16÷２＝８より，大きさの順の８番目と９番目だから，中央値は，(14＋16)÷２＝**15**(点)である。

⑶　**【解き方】最頻値は，データの中で最も多く現れる値である。**

最も多く現れるのは 18 だから，最頻値は **18** 点である。

【６】

⑴　$250\times\frac{14}{100}=$**35**(冊)

⑵　捨てた算数の本は $30\times\frac{20}{100}=6$ (冊)だから，残っている算数の本は，35－６＝**29**(冊)

⑶　75 冊買ったあとの本の冊数の合計は 250－30＋75＝295(冊)になる。この 12％は $295\times\frac{12}{100}=35.4$(冊)だから，算数の本を 12％以上にするためには算数の本が 36 冊以上になればよい。よって，必要な算数の本は 36－29＝**７**(冊)以上である。

【７】

⑴　２㎞＝(２×1000)ｍ＝2000ｍを 25 分で移動したから，求める速さは，分速(2000÷25)ｍ＝**分速 80ｍ**

⑵　弟がＡ町を出発してから６分後，２人の間の道のりは 80×６＝480(ｍ)である。その後，２人の間の道のりは最初に出会うまで，毎分(200－80)ｍ＝毎分 120ｍの割合で短くなる。よって，求める時間は，６＋480÷120＝**10**(分後)

⑶　**【解き方】弟がＡ町を出発してから 29 分後の２人の位置→兄が２回目にＡ町を出発してから 29 分後の位置に着くまでの時間→兄が２回目にＡ町を出発した時間，の順に求める。**

弟がＡ町を出発してから 29 分後の２人の位置は，Ａ町から 2000－80×(29－25)＝2000－320＝1680(ｍ)はなれた位置である。兄が２回目にＡ町を出発してから 1680ｍを移動するのにかかる時間は 1680÷200＝8.4(分)，つまり８分(0.4×60)秒＝８分 24 秒である。よって，求める時間は，29 分後－８分 24 秒＝**20 分 36 秒後**

2022 解答例 令和4年度 大手前丸亀中学校

《国　語》

【一】問一．a．経過　b．解放　c．登場　d．側面　e．対応　問二．A．オ　B．ア　C．ウ　D．イ　問三．Ⅰ．同じ内容　Ⅱ．効率的　問四．Ⅰ．代用物　Ⅱ．簡単　Ⅲ．定着　問五．ア．スタメン　イ．学食　ウ．就活　問六．ウ　問七．本来の言い方　問八．エ　問九．1

【二】問一．a．興奮　b．築　c．逆転　d．除外　e．候補　問二．A．ウ　B．オ　C．ア　D．エ　E．イ　問三．1．オ　2．ウ　3．イ　4．エ　問四．Ⅰ．チーム名への憧れ　Ⅱ．決意　問五．Ⅰ．何としても勝つんだ　Ⅱ．向こう気の強さと大きな声　問六．Ⅰ．実績　Ⅱ．罵声　Ⅲ．実力の裏付け　Ⅳ．連帯責任　Ⅴ．孤立　問七．エ　問八．イ

《算　数》

【1】(1)24　(2)6　(3)3　(4)78.5　(5)$\frac{4}{5}$　(6)48　(7)公約数の個数…6　最大公約数…12　(8)1600　(9)2500　(10)27

【2】面積…25.12　周りの長さ…25.12

【3】165.76

【4】(1)43　(2)40.5　(3)6　(4)55

【5】(1)300　(2)24000　(3)260

【6】(1)一郎くん…180　花子さん…60　(2)14　(3)17，15

《英　語》

【1】1．たこ　2．ヤギ　3．3月　4．虫〔別解〕昆虫　5．地図　6．歯医者　7．四角〔別解〕正方形　8．お腹が減って(いる)　9．車いす　10．はさみ

【2】1．ア　2．イ　3．イ　4．イ　5．ア　6．ウ　7．ウ　8．ア　9．ウ　10．ア　11．イ　12．ア　13．ウ　14．ウ　15．イ　16．ウ　17．イ　18．ア　19．イ　20．ウ

【3】［①／②］　1．［イ／ア］　2．［ア／イ］　3．［ウ／ア］　4．［イ／ア］　5．［エ／ウ］　6．［イ／ウ］　7．［ア／イ］　8．［イ／ウ］　9．［イ／ウ］　10．［ウ／イ］

【4】1．1人　2．(姉妹と)山へ行く。　3．木曜日／土曜日　4．公園を散歩する。　5．あなたはどうですか。

2022 算数解説 ▶ 大手前丸亀中学校

令和４年度

【１】

⑴　与式＝12＋12＝24

⑵　与式＝54÷(18－９)＝54÷９＝６

⑶　与式＝$\frac{4}{3}+\frac{25}{18}\times\frac{6}{5}=\frac{4}{3}+\frac{5}{3}=\frac{9}{3}=3$

⑷　与式＝16×3.14＋９×3.14＝(16＋９)×3.14＝25×3.14＝78.5

⑸　与式＝$\frac{6}{5}\times\frac{7}{3}-\frac{4}{5}\times\frac{5}{2}=\frac{14}{5}-2=2\frac{4}{5}-2=\frac{4}{5}$

⑹　求める体積は，(底面積)×(高さ)÷３＝(６×６)×４÷３＝48(㎤)

⑺　最大公約数を求めるときは，右の筆算のように割り切れる数で次々に割っていき，割った数をすべてかけあわせればよい。よって，60 と 84 の最大公約数は，２×２×３＝12

公約数の個数は，12 の約数の個数に等しく，１と 12，２と６，３と４の６個である。

2) 60　84
2) 30　42
3) 15　21
　　5　7

⑻　次郎くんのおこづかいは，太郎くんのおこづかいの$\frac{4}{5}$倍だから，2000×$\frac{4}{5}$＝1600(円)

⑼　仕入れ値の１＋0.2＝1.2(倍)が 3000 円となるので，仕入れ値は，3000÷1.2＝2500(円)

⑽　花子さんの走る速さは秒速(50÷10)ｍ＝秒速５ｍだから，自転車で進むときの速さは，秒速(５×1.5)ｍ＝秒速 7.5ｍ，つまり，時速$\frac{7.5\times60\times60}{1000}$㎞＝時速 27 ㎞

【２】

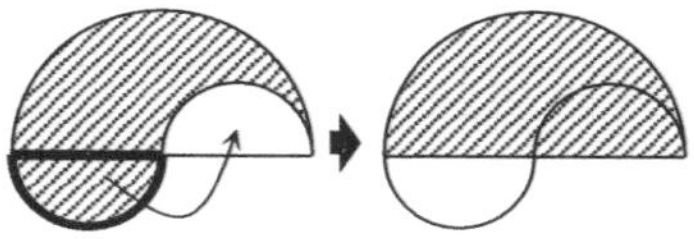

【解き方】面積は，右のように太線で囲んだ部分を矢印の向きに移動させて考える。

面積は，半径が２×２＝４(㎝)の半円の面積に等しく，４×４×3.14÷２＝25.12(㎠)

まわりの長さは，半径が４㎝の半円の曲線部分の長さと，半径が２㎝の半円の曲線部分の長さの２倍の和に等しく，４×２×3.14÷２＋２×２×3.14÷２×２＝(４＋４)×3.14＝25.12(㎝)

【３】

立方体の体積は，６×６×６＝216(㎤)　　くり抜いた円柱の体積は，(２×２×3.14)×４＝50.24(㎤)

よって，求める体積は，216－50.24＝165.76(㎤)

【４】

⑴　最頻値は，最も度数の多い得点だから，43 点である(度数は３人)。

⑵　20÷２＝10 より，中央値は，大きさ順で 10 番目と 11 番目の得点の平均である。低い順で並べると，19，24，28，31，32，33，38，38，39，40，41，…となるので，中央値は，(40＋41)÷２＝40.5(点)

⑶　30 点以上 40 点未満の階級の人数は，31 点，32 点，33 点，38 点，38 点，39 点の６人いるから，ア＝６

40 点未満のときは，40 点は含《ふく》まないので気を付けよう。

⑷　度数分布表をまとめると，右表のようになる。最も人数の多い階級は 40 点以上 50 点未満の階級だから，求める割合は，$\frac{11}{20}$×100＝55(％)

得点(点)	人数(人)
０以上 10 未満	0
10 以上 20 未満	1
20 以上 30 未満	2
30 以上 40 未満	6
40 以上 50 未満	11
計	20

【５】

【解き方】(１㎢あたりの人口〔人〕)＝(全体の人口〔人〕)÷(面積〔㎢〕)，(全体の人口〔人〕)＝(１㎢あたりの人口〔人〕)×(面積〔㎢〕)で求められる。

⑴　求める人数は，54000÷180＝300(人)

(2)　求める人数は，200×120＝24000(人)

(3)　C市は全体の人口が 54000＋24000＝78000(人)，面積が 180＋120＝300(㎢)だから，求める人数は，
78000÷300＝260(人)

【6】

(1)　一郎くんは6分で 1080m進むから，速さは，分速(1080÷6)m＝分速 180m
花子さんは8分で 480m進むから，速さは，分速(480÷8)m＝分速 60m

(2)　花子さんは，「ア」から 24 分までに 1080－480＝600(m)進む。花子さんが 600m進むのにかかる時間は，
600÷60＝10(分)だから，アに入る値は，24－10＝14

(3)　**【解き方】グラフの交わる点で2人はすれ違う。**
2人が出発してから 15 分後，花子さんは休んでからさらに 15－14＝1(分)進んだので，合わせて 480＋60×1＝540(m)進んだ。よって，このときの2人の間の道のりは 1080－540＝540(m)で，ここから2人の間の道のりは1分間で 60＋180＝240(m)短くなるから，540÷240＝2.25(分後)，つまり，2分(0.25×60)秒後＝2分 15 秒後に2人はすれ違う。したがって，求める時間は，15 分＋2分 15 秒後＝17 分 15 秒後

大手前丸亀中学校

《国　語》

【一】問一．a．進展　b．興味　c．難　d．画期的　e．厳密　問二．A．イ　B．ウ　C．エ　D．ア
問三．８　問四．Ⅰ．身の回り　Ⅱ．研究対象　Ⅲ．生息環境　Ⅳ．連続　問五．予測
問六．Ⅰ．直接観察できなかった　Ⅱ．行動や生理　Ⅲ．明らかになっている
問七．１．英語で論文を記述していく　２．Ⅰ．発見　Ⅱ．世界中の人に伝えたい　問八．ウ

【二】問一．a．存在　b．無念　c．絶望　d．悲鳴　e．金属　問二．ア　問三．Ⅰ．ピッチャー
Ⅱ．野手　Ⅲ．ひたすらバットを振ってきた　問四．イ　問五．１．練習球　２．Ⅰ．甲子園　Ⅱ．使用不可能　Ⅲ．練習　問六．エ　問七．ウ　問八．エ

《算　数》

【１】⑴27　⑵12　⑶３　⑷314　⑸$4\frac{4}{15}$　⑹25.12　⑺20　⑻25　⑼420　⑽１，24

【２】⑴20.52　⑵18.84

【３】⑴６　⑵282.6

【４】⑴153　⑵153.5　⑶５　⑷30

【５】⑴4200　⑵6000

【６】⑴0.25　⑵100　⑶１　⑷12　⑸36

《英　語》

【１】１．書写　２．三角形　３．傘　４．祖母　５．シマウマ　６．飛行機　７．一月　８．強い
９．ヒツジ　10．橋

【２】１．イ　２．ウ　３．ア　４．ウ　５．ア　６．イ　７．イ　８．ア　９．イ　10．ア
11．イ　12．ウ　13．ウ　14．ア　15．ウ　16．イ　17．ア　18．イ　19．ウ　20．ウ

【３】[①／②]　１．[ウ／エ]　２．[イ／エ]　３．[エ／イ]　４．[ア／ウ]　５．[ウ／イ]
６．[エ／ア]　７．[ア／イ]　８．[エ／ウ]　９．[イ／エ]　10．[イ／ア]

【４】１．(友達と)卓球(をする。)　２．野球(の練習をする。)　３．２さい　４．日曜日　５．彼のパンはとても人気があります。

【１】

⑴　与式＝20＋７＝27

⑵　与式＝60÷(12－７)＝60÷５＝12

⑶　与式＝$\frac{4}{3}+\frac{25}{18}\times\frac{6}{5}=\frac{4}{3}+\frac{5}{3}=\frac{9}{3}=3$

⑷　与式＝36×3.14＋64×3.14＝(36＋64)×3.14＝100×3.14＝314

⑸　与式＝$\frac{3}{4}\times\frac{8}{10}+\frac{11}{10}\times\frac{10}{3}=\frac{3}{5}+\frac{11}{3}=\frac{9}{15}+\frac{55}{15}=\frac{64}{15}=4\frac{4}{15}$

⑹　(円周)＝(直径)×(円周率)より，８×3.14＝25.12(cm)

⑺　値引きした金額は，3000－2400＝600(円)だから，3000円の，600÷3000×100＝20(%)引きである。

⑻　次郎くんの持っているノートの冊数は，太郎くんの持っているノートの冊数の$\frac{5}{3}$倍だから，15×$\frac{5}{3}$＝25(冊)

⑼　60＝２×２×３×５，84＝２×２×３×７より，60と84の最小公倍数は，２×２×３×５×７＝420

⑽　３時間30分＝3.5時間より，Ａ町からＢ町までの道のりは，４×3.5＝14(km)

Ｂ町からＡ町まで時速10kmで走ると，14÷10＝1.4(時間)かかる。0.4時間＝(0.4×60)分＝24分だから，求める時間は，１時間24分である。

【２】

⑴　**【解き方】半径が６cmで中心角が90°のおうぎ形の面積２個分から１辺の長さが６cmの正方形の面積を引く。**

６×６×3.14×$\frac{90°}{360°}$×２－６×６＝36×1.57－36＝36×(1.57－１)＝36×0.57＝20.52(cm²)

⑵　**【解き方】大きい半円の半径は２×２＝４(cm)である。**

半径が４cmの半円の面積から，半径が２cmの半円の面積を引いて，４×４×3.14÷２－２×２×3.14÷２＝８×3.14－２×3.14＝(８－２)×3.14＝６×3.14＝18.84(cm²)

【３】

⑴　**【解き方】展開図の長方形の横の長さは，底面の円周に等しい。**

底面の円周が18.84cmだから，直径は18.84÷3.14＝６(cm)である。

⑵　**【解き方】底面の円の半径は６÷２＝３(cm)で高さが10cmの円柱ができる。**

底面積は，３×３×3.14＝28.26(cm²)だから，体積は，28.26×10＝282.6(cm³)

【４】

⑴　**【解き方】最頻値は，最も多く現れる資料の値である。**

３人いる153cmが最頻値である。

⑵　**【解き方】資料を大きさの順に並べたときの中央の値を中央値と呼ぶ。資料が偶数個のときは，真ん中２つの平均値をとる。**

資料を大きさの順に並べると，141，143，145，146，147，149，150，153，153，153，154，155，156，157，157，158，158，160，161，164になる。20人の資料の真ん中２個は10番目と11番目であり，この資料の10番目は153cm，11番目は154cmだから，中央値は，(153＋154)÷２＝153.5(cm)

⑶　**【解き方】度数分布表は右のようになる。**

右表より，ア＝５

⑷　最も人数の多い階級は155cm以上160cm未満である。その割合は，

身長(cm)	人数(人)
140以上145未満	2
145以上150未満	4
150以上155未満	5
155以上160未満	6
160以上165未満	3
計	20

6÷20×100＝30(％)

【５】

⑴　定価は，4000×(１＋0.4)＝5600(円)だから，25％引きの値段は，5600×(１－0.25)＝4200(円)

⑵　**【解き方】１個につき，4200－4000＝200(円)の利益が出る。**

200×30＝6000(円)

【６】

⑴　**【解き方】円柱Ａに水が注がれているのは，０～16 秒の間である。**

グラフより，円柱Ａに水が注がれているとき，16 秒間で４㎝の水がたまったから，水面の高さは，１秒あたり４÷16＝0.25(㎝)高くなる。

⑵　**【解き方】円柱Ａの底面積から，１秒に注ぐ水の体積を求めることができる。**

円柱Ａの底面積は 400 ㎠だから，１秒間に注ぐ水の体積は，400×0.25＝100(㎤)

⑶　**【解き方】水を注ぐ割合は⑵のときと同じだから，高さは底面積に反比例する。**

円柱Ａと円柱Ｂの底面積の比は，400：100＝４：１だから，同じ割合で水を注ぐとき，水面の高さの比は，１：４になる。円柱Ａの部分に注ぐときの水面の高さの割合は，１秒あたり 0.25 ㎝だから，円柱Ｂの部分に注ぐときの水面の高さの割合は，１秒あたり(0.25×４)㎝＝１㎝になる。

⑷　**【解き方】⑶をふまえて計算する。**

グラフより，16 秒から 24 秒までは円柱Ｂに水が注がれていることがわかる。⑶より，円柱Ｂに水を注ぐと，１秒あたり１㎝の割合で水面が高くなるから，24－16＝８(秒間)で，１×８＝８(㎝)高くなる。

よって，ア＝４＋８＝12(㎝)

⑸　**【解き方】はじめの半分の割合で水を入れれば，水面が高くなる割合も半分になる。**

円柱Ｂの部分にはじめの半分の割合で水を入れると，１分あたり 0.5 ㎝の割合で水面が高くなる。

ア＝12 ㎝より，15－12＝３(㎝)高くなるのに，３÷0.5＝６(秒)かかるから，イ＝30＋６＝36(秒)

2020 解答例 令和２年度

大手前丸亀中学校

《国　語》

【一】問一．a．富　b．逆　c．難　d．四季　e．現象　問二．A．エ　B．ア　C．イ
問三．Ⅰ．実　Ⅱ．種子　Ⅲ．がく　Ⅳ．冠毛　問四．Ⅰ．日本　Ⅱ．西洋　Ⅲ．小さくて軽い　Ⅳ．生産
問五．ア　問六．Ⅰ．大きな芽　Ⅱ．他の植物　Ⅲ．子孫　Ⅳ．環境　問七．日本タンポポ
問八．都会の道ばた　問九．エ

【二】問一．a．原液　b．除　c．雑貨　d．翌日　e．勢　問二．A．イ　B．エ　C．ア
問三．Ⅰ．事務的　Ⅱ．感情を伝える項目　問四．Ⅰ．理屈では割り切れない思い　Ⅱ．すっきりしない思い
Ⅲ．冷たくてそっけない　Ⅳ．踏ん切りがつく　問五．イ　問六．ア　問七．ア　問八．エ

《算　数》

【１】⑴23　⑵96　⑶$1\frac{1}{8}$　⑷１　⑸$1\frac{1}{2}$　⑹51　⑺80　⑻50　⑼31．4　⑽2100
【２】⑴52　⑵113
【３】⑴120　⑵30　⑶４
【４】⑴600　⑵26400　⑶30
【５】⑴５　⑵10　⑶275
【６】⑴700　⑵300　⑶42，24

《英　語》

【１】１．カ　２．エ　３．ケ　４．ア　５．キ　６．イ　７．コ　８．ク　９．オ　10．ウ
【２】１．ウ　２．ア　３．エ
【３】１．ウ　２．ア　３．イ　４．ウ　５．ア　６．イ　７．ウ　８．ア　９．ウ　10．ウ
11．イ　12．ウ　13．ア　14．ウ　15．ア　16．イ　17．イ
【４】［①／②］　１．［イ／エ］　２．［イ／エ］　３．［イ／ア］　４．［イ／ウ］　５．［ウ／イ］
６．［ア／イ］　７．［ウ／ア］　８．［ウ／イ］　９．［ア／イ］　10．［ウ／ア］

←解答例は前のページにありますので，そちらをご覧ください。

【１】

⑴　与式＝26－３＝23

⑵　与式＝(14＋38－11×２)×3.2＝(14＋38－22)×3.2＝30×3.2＝96

⑶　与式＝$\frac{20}{8}-\frac{6}{8}-\frac{5}{8}=\frac{9}{8}=1\frac{1}{8}$

⑷　与式＝25－24＝１

⑸　与式＝$\frac{5}{6}+\frac{14}{27}\times\frac{9}{7}=\frac{5}{6}+\frac{2}{3}=\frac{5}{6}+\frac{4}{6}=\frac{9}{6}=\frac{3}{2}=1\frac{1}{2}$

⑹　与式より，５－４＋□＝52　　１＋□＝52　　□＝52－１＝51

⑺　与式＝32÷２＋32×２＝16＋64＝80

⑻　５時間36分＝$5\frac{36}{60}$時間＝$5\frac{3}{5}$時間＝$\frac{28}{5}$時間なので，求める速さは，時速(280÷$\frac{28}{5}$)km＝時速50kmである。

⑼　５×２×3.14＝10×3.14＝31.4(cm)

⑽　3000×(１－$\frac{3}{10}$)＝2100(円)

【２】

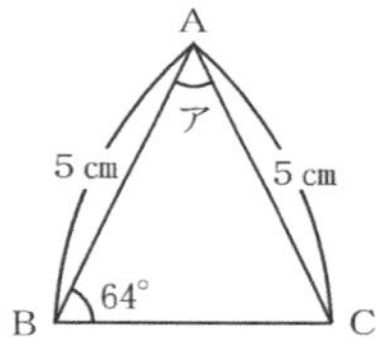

⑴　右図のように記号をおく。三角形ＡＢＣはＡＢ＝ＡＣの二等辺三角形なので，角ＡＣＢ＝角ＡＢＣ＝64度である。よって，角ア＝180－64－64＝52(度)である。

⑵　四角形の内角の和は360度なので，角イ＝360－90－90－67＝113(度)である。

【３】高さの等しい三角形の面積の比は，底辺の長さの比に等しいことを利用する。

⑴　(三角形ＡＢＤの面積)：(三角形ＡＢＣの面積)＝ＢＤ：ＢＣ＝４：６＝２：３なので，求める面積は，180×$\frac{2}{3}$＝120(㎠)である。

⑵　(三角形ＢＤＥの面積)：(三角形ＡＢＤの面積)＝ＢＥ：ＢＡ＝１：４なので，求める面積は，120×$\frac{1}{4}$＝30(㎠)である。

⑶　⑴，⑵より，(三角形ＡＥＤの面積)＝(三角形ＡＢＤの面積)－(三角形ＢＤＥの面積)＝120－30＝90(㎠)である。(三角形ＡＦＤの面積)：(三角形ＡＥＤの面積)＝ＦＤ：ＥＤ＝１：２なので，三角形ＡＦＤの面積は，90×$\frac{1}{2}$＝45(㎠)である。したがって，三角形ＡＢＣの面積は三角形ＡＦＤの面積の180÷45＝４(倍)である。

【４】

⑴　品物の20％＝$\frac{20}{100}=\frac{1}{5}$の利益をみこんだので，求める金額は，500×(１＋$\frac{1}{5}$)＝600(円)である。

⑵　品物Ａの１個あたりの利益は600－500＝100(円)なので，品物Ａの利益の合計は100×100＝10000(円)である。したがって，品物Ｂの利益の合計は，36400－10000＝26400(円)である。

⑶　品物Ｂの定価は1000×(１＋$\frac{1}{5}$)＝1200(円)なので，10％引きの値段は1200×(１－$\frac{10}{100}$)＝1080(円)である。よって，定価で売ったときの利益は1200－1000＝200(円)，10％引きで売ったときの利益は1080－1000＝80(円)である。すべて定価で売ったとすると，品物Ｂの利益の合計は200×150＝30000(円)となり，実際より30000－26400＝3600(円)高くなる。セール(10％引きで売る)までに売れ残った個数が１個増えるごとに，利益は200－80＝120(円)安くなるので，求める個数は，3600÷120＝30(個)である。

【５】１｜１，２｜１，２，３｜１，２，３，４｜１，…のように，１以下の正の整数，２以下の正の整数，３以下の正の整数，…と左から順に並んでいる。１以下の正の整数の並びを①，２以下の正の整数の並びを②，…のように表す。並んだ数字の個数は，①が１個，②が２個，…である。

(1)　並んだ数字の個数は，①から⑤までが１＋２＋３＋４＋５＝15(個)，①から⑥までが15＋６＝21(個)なので，求める数字は，⑥の左から20－15＝５(番目)の数字となる５である。

(2)　並んだ数字の個数は，①から⑩までが21＋７＋８＋９＋10＝55(個)，⑩から⑪までが55＋11＝66(個)なので，求める数字は，⑩の左から65－55＝10(番目)の数字となる10である。

(3)　①から⑪までに数字は66個並んでいるので，①から⑪までの数の和から66番目の数である11を引けばよい。①から⑪までで，１が11個，２が10個，３が９個，…11が１個並んでいるので，①から⑪までの数の和は

１×11＋２×10＋３×９＋４×８＋５×７＋６×６＋７×５＋８×４＋９×３＋10×２＋11×１＝

(11＋20＋27＋32＋35)×２＋36＝125×２＋36＝286である。よって，求める数の和は286－11＝275である。

【６】

(1)　グラフから，兄はＢ町を出発して９分で6.3㎞＝6300ｍ離《はな》れたＡ町まで移動したので，求める速さは，分速(6300÷９)ｍ＝分速700ｍである。

(2)　弟は21分でＡ町からＢ町まで移動しているので，求める速さは，分速(6300÷21)ｍ＝分速300ｍである。

(3)　二度目に出会うのは，兄がＡ町からＢ町，弟がＢ町からＡ町へ向かっている間である。

兄がＡ町を出発するのは，兄がＢ町を出発してから37分後であり，このとき，弟はＢ町を出発して37－34＝３(分後)なので，Ｂ町から300×３＝900(ｍ)離れた位置にいる。このときの２人の間の距離《きょり》は6300－900＝5400(ｍ)であり，ここから２人の間の距離は１分間で300＋700＝1000(ｍ)縮まる。よって，兄がＡ町を出発してから5400÷1000＝5.4(分後)，つまり，５分(0.4×60)秒後＝５分24秒後に２人が出会う。

したがって，兄が弟に二度目に出会うのは，兄がＢ町を出発してから37分後＋５分24秒後＝42分24秒後である。

■ ご使用にあたってのお願い・ご注意

（1）問題文等の非掲載

著作権上の都合により，問題文や図表などの一部を掲載できない場合があります。

誠に申し訳ございませんが，ご了承くださいますようお願いいたします。

（2）過去問における時事性

過去問題集は，学習指導要領の改訂や社会状況の変化，新たな発見などにより，現在とは異なる表記や解説になっている場合があります。過去問の特性上，出題当時のままで出版していますので，あらかじめご了承ください。

（3）配点

学校等から配点が公表されている場合は，記載しています。公表されていない場合は，記載していません。

独自の予想配点は，出題者の意図と異なる場合があり，お客様が学習するうえで誤った判断をしてしまう恐れがあるため記載していません。

（4）無断複製等の禁止

購入された個人のお客様が，ご家庭でご自身またはご家族の学習のためにコピーをすることは可能ですが，それ以外の目的でコピー，スキャン，転載（ブログ，ＳＮＳなどでの公開を含みます）などをすることは法律により禁止されています。学校や学習塾などで，児童生徒のためにコピーをして使用することも法律により禁止されています。

ご不明な点や，違法な疑いのある行為を確認された場合は，弊社までご連絡ください。

（5）けがに注意

この問題集は針を外して使用します。針を外すときは，けがをしないように注意してください。また，表紙カバーや問題用紙の端で手指を傷つけないように十分注意してください。

（6）正誤

制作には万全を期しておりますが，万が一誤りなどがございましたら，弊社までご連絡ください。

なお，誤りが判明した場合は，弊社ウェブサイトの「ご購入者様のページ」に掲載しておりますので，そちらもご確認ください。

■ お問い合わせ

解答例，解説，印刷，製本など，問題集発行におけるすべての責任は弊社にあります。

ご不明な点がございましたら，弊社ウェブサイトの「お問い合わせ」フォームよりご連絡ください。迅速に対応いたしますが，営業日の都合で回答に数日を要する場合があります。

ご入力いただいたメールアドレス宛に自動返信メールをお送りしています。自動返信メールが届かない場合は，「よくある質問」の「メールの問い合わせに対し返信がありません。」の項目をご確認ください。

また弊社営業日（平日）は，午前９時から午後５時まで，電話でのお問い合わせも受け付けています。

2025 春

株式会社教英出版
〒422-8054　静岡県静岡市駿河区南安倍３丁目 12-28
TEL　054-288-2131　　FAX　054-288-2133
URL　https://kyoei-syuppan.net/
MAIL　siteform@kyoei-syuppan.net

教英出版　2025年春受験用　中学入試問題集

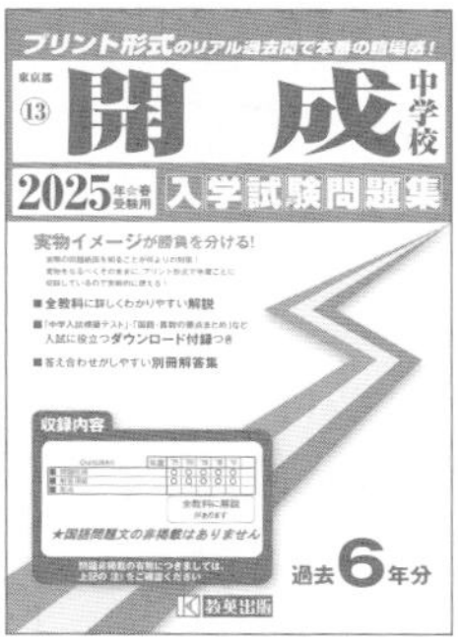

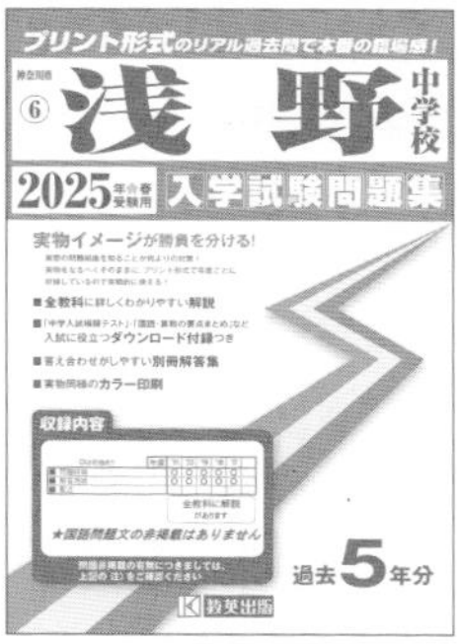

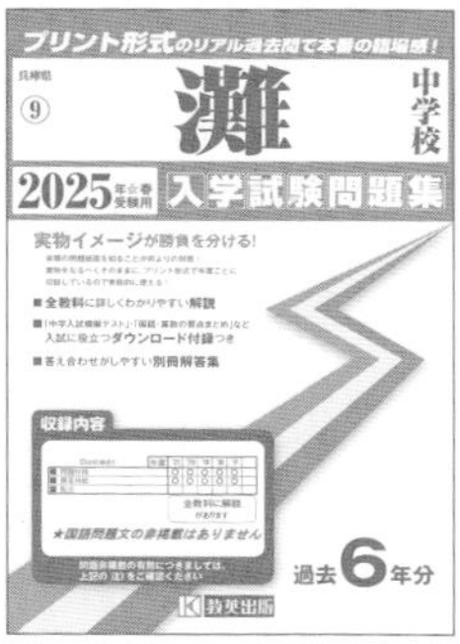

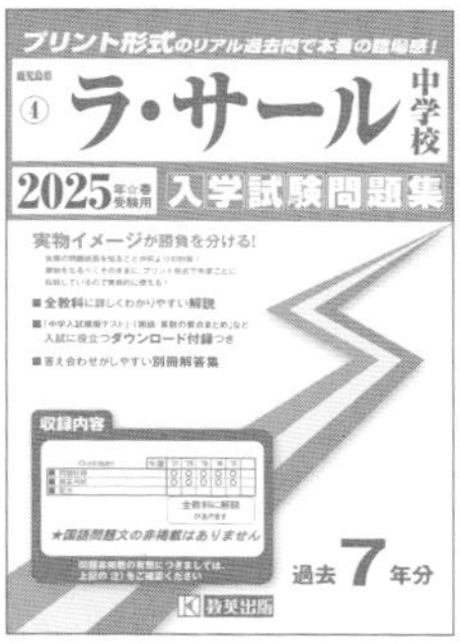

学校別問題集

✿はカラー問題対応

北海道

①[市立]札幌開成中等教育学校
②藤女子中学校
③北嶺中学校
④北星学園女子中学校
⑤札幌大谷中学校
⑥札幌光星中学校
⑦立命館慶祥中学校
⑧函館ラ・サール中学校

青森県

①[県立]三本木高等学校附属中学校

岩手県

①[県立]一関第一高等学校附属中学校

宮城県

①[県立]宮城県古川黎明中学校
②[県立]宮城県仙台二華中学校
③[市立]仙台青陵中等教育学校
④東北学院中学校
⑤仙台白百合学園中学校
⑥聖ウルスラ学院英智中学校
⑦宮城学院中学校
⑧秀光中学校
⑨古川学園中学校

秋田県

①[県立]
- 大館国際情報学院中学校
- 秋田南高等学校中等部
- 横手清陵学院中学校

山形県

①[県立]
- 東桜学館中学校
- 致道館中学校

福島県

①[県立]
- 会津学鳳中学校
- ふたば未来学園中学校

茨城県

①[県立]
- 日立第一高等学校附属中学校
- 太田第一高等学校附属中学校
- 水戸第一高等学校附属中学校
- 鉾田第一高等学校附属中学校
- 鹿島高等学校附属中学校
- 土浦第一高等学校附属中学校
- 竜ヶ崎第一高等学校附属中学校
- 下館第一高等学校附属中学校
- 下妻第一高等学校附属中学校
- 水海道第一高等学校附属中学校
- 勝田中等教育学校
- 並木中等教育学校
- 古河中等教育学校

栃木県

①[県立]
- 宇都宮東高等学校附属中学校
- 佐野高等学校附属中学校
- 矢板東高等学校附属中学校

群馬県

①
- [県立]中央中等教育学校
- [市立]四ツ葉学園中等教育学校
- [市立]太田中学校

埼玉県

①[県立]伊奈学園中学校
②[市立]浦和中学校
③[市立]大宮国際中等教育学校
④[市立]川口市立高等学校附属中学校

千葉県

①[県立]
- 千葉中学校
- 東葛飾中学校

②[市立]稲毛国際中等教育学校

東京都

①[国立]筑波大学附属駒場中学校
②[都立]白鷗高等学校附属中学校
③[都立]桜修館中等教育学校
④[都立]小石川中等教育学校
⑤[都立]両国高等学校附属中学校
⑥[都立]立川国際中等教育学校
⑦[都立]武蔵高等学校附属中学校
⑧[都立]大泉高等学校附属中学校
⑨[都立]富士高等学校附属中学校
⑩[都立]三鷹中等教育学校
⑪[都立]南多摩中等教育学校
⑫[区立]九段中等教育学校
⑬開成中学校
⑭麻布中学校
⑮桜蔭中学校
⑯女子学院中学校
✿⑰豊島岡女子学園中学校
⑱東京都市大学等々力中学校
⑲世田谷学園中学校
✿⑳広尾学園中学校（第2回）
✿㉑広尾学園中学校（医進・サイエンス回）
㉒渋谷教育学園渋谷中学校（第1回）
㉓渋谷教育学園渋谷中学校（第2回）
㉔東京農業大学第一高等学校中等部（2月1日 午後）
㉕東京農業大学第一高等学校中等部（2月2日 午後）

神奈川県

- ①[県立]（相模原中等教育学校 / 平塚中等教育学校）
- ②[市立]南高等学校附属中学校
- ③[市立]横浜サイエンスフロンティア高等学校附属中学校
- ④[市立]川崎高等学校附属中学校
- ✿⑤聖光学院中学校
- ✿⑥浅野中学校
- ⑦洗足学園中学校
- ⑧法政大学第二中学校
- ⑨逗子開成中学校（1次）
- ⑩逗子開成中学校（2･3次）
- ⑪神奈川大学附属中学校（第1回）
- ⑫神奈川大学附属中学校（第2･3回）
- ⑬栄光学園中学校
- ⑭フェリス女学院中学校

新潟県

- ①[県立]（村上中等教育学校 / 柏崎翔洋中等教育学校 / 燕中等教育学校 / 津南中等教育学校 / 直江津中等教育学校 / 佐渡中等教育学校）
- ②[市立]高志中等教育学校
- ③新潟第一中学校
- ④新潟明訓中学校

石川県

- ①[県立]金沢錦丘中学校
- ②星稜中学校

福井県

- ①[県立]高志中学校

山梨県

- ①山梨英和中学校
- ②山梨学院中学校
- ③駿台甲府中学校

長野県

- ①[県立]（屋代高等学校附属中学校 / 諏訪清陵高等学校附属中学校）
- ②[市立]長野中学校

岐阜県

- ①岐阜東中学校
- ②鶯谷中学校
- ③岐阜聖徳学園大学附属中学校

静岡県

- ①[国立]静岡大学教育学部附属中学校（静岡･島田･浜松）
- ②（[県立]清水南高等学校中等部 / [県立]浜松西高等学校中等部 / [市立]沼津高等学校中等部）
- ③不二聖心女子学院中学校
- ④日本大学三島中学校
- ⑤加藤学園暁秀中学校
- ⑥星陵中学校
- ⑦東海大学付属静岡翔洋高等学校中等部
- ⑧静岡サレジオ中学校
- ⑨静岡英和女学院中学校
- ⑩静岡雙葉中学校
- ⑪静岡聖光学院中学校
- ⑫静岡学園中学校
- ⑬静岡大成中学校
- ⑭城南静岡中学校
- ⑮静岡北中学校
- ⑯（常葉大学附属常葉中学校 / 常葉大学附属橘中学校 / 常葉大学附属菊川中学校）
- ⑰藤枝明誠中学校
- ⑱浜松開誠館中学校
- ⑲静岡県西遠女子学園中学校
- ⑳浜松日体中学校
- ㉑浜松学芸中学校

愛知県

- ①[国立]愛知教育大学附属名古屋中学校
- ②愛知淑徳中学校
- ③（名古屋経済大学市邨中学校 / 名古屋経済大学高蔵中学校）
- ④金城学院中学校
- ⑤椙山女学園中学校
- ⑥東海中学校
- ⑦南山中学校男子部
- ⑧南山中学校女子部
- ⑨聖霊中学校
- ⑩滝中学校
- ⑪名古屋中学校
- ⑫大成中学校
- ⑬愛知中学校
- ⑭星城中学校
- ⑮名古屋葵大学中学校（名古屋女子大学中学校）
- ⑯愛知工業大学名電中学校
- ⑰海陽中等教育学校（特別給費生）
- ⑱海陽中等教育学校（Ⅰ･Ⅱ）
- ⑲中部大学春日丘中学校
- 新刊⑳名古屋国際中学校

三重県

- ①[国立]三重大学教育学部附属中学校
- ②暁中学校
- ③海星中学校
- ④四日市メリノール学院中学校
- ⑤高田中学校
- ⑥セントヨゼフ女子学園中学校
- ⑦三重中学校
- ⑧皇學館中学校
- ⑨鈴鹿中等教育学校
- ⑩津田学園中学校

滋賀県

- ①[国立]滋賀大学教育学部附属中学校
- ②[県立]（河瀬中学校 / 守山中学校 / 水口東中学校）

京都府

- ①[国立]京都教育大学附属桃山中学校
- ②[府立]洛北高等学校附属中学校
- ③[府立]園部高等学校附属中学校
- ④[府立]福知山高等学校附属中学校
- ⑤[府立]南陽高等学校附属中学校
- ⑥[市立]西京高等学校附属中学校
- ⑦同志社中学校
- ⑧洛星中学校
- ⑨洛南高等学校附属中学校
- ⑩立命館中学校
- ⑪同志社国際中学校
- ⑫同志社女子中学校（前期日程）
- ⑬同志社女子中学校（後期日程）

大阪府

- ①[国立]大阪教育大学附属天王寺中学校
- ②[国立]大阪教育大学附属平野中学校
- ③[国立]大阪教育大学附属池田中学校

④[府立]富田林中学校
⑤[府立]咲くやこの花中学校
⑥[府立]水都国際中学校
⑦清風中学校
⑧高槻中学校（A日程）
⑨高槻中学校（B日程）
⑩明星中学校
⑪大阪女学院中学校
⑫大谷中学校
⑬四天王寺中学校
⑭帝塚山学院中学校
⑮大阪国際中学校
⑯大阪桐蔭中学校
⑰開明中学校
⑱関西大学第一中学校
⑲近畿大学附属中学校
⑳金蘭千里中学校
㉑金光八尾中学校
㉒清風南海中学校
㉓帝塚山学院泉ヶ丘中学校
㉔同志社香里中学校
㉕初芝立命館中学校
㉖関西大学中等部
㉗大阪星光学院中学校

兵庫県

①[国立]神戸大学附属中等教育学校
②[県立]兵庫県立大学附属中学校
③雲雀丘学園中学校
④関西学院中学部
⑤神戸女学院中学部
⑥甲陽学院中学校
⑦甲南中学校
⑧甲南女子中学校
⑨灘中学校
⑩親和中学校
⑪神戸海星女子学院中学校
⑫滝川中学校
⑬啓明学院中学校
⑭三田学園中学校
⑮淳心学院中学校
⑯仁川学院中学校
⑰六甲学院中学校
⑱須磨学園中学校(第1回入試)
⑲須磨学園中学校(第2回入試)
⑳須磨学園中学校(第3回入試)
㉑白陵中学校
㉒夙川中学校

奈良県

①[国立]奈良女子大学附属中等教育学校
②[国立]奈良教育大学附属中学校
③[県立] 国際中学校
青翔中学校
④[市立]一条高等学校附属中学校
⑤帝塚山中学校
⑥東大寺学園中学校
⑦奈良学園中学校
⑧西大和学園中学校

和歌山県

①[県立] 古佐田丘中学校
向陽中学校
桐蔭中学校
日高高等学校附属中学校
田辺中学校
②智辯学園和歌山中学校
③近畿大学附属和歌山中学校
④開智中学校

岡山県

①[県立]岡山操山中学校
②[県立]倉敷天城中学校
③[県立]岡山大安寺中等教育学校
④[県立]津山中学校
⑤岡山中学校
⑥清心中学校
⑦岡山白陵中学校
⑧金光学園中学校
⑨就実中学校
⑩岡山理科大学附属中学校
⑪山陽学園中学校

広島県

①[国立]広島大学附属中学校
②[国立]広島大学附属福山中学校
③[県立]広島中学校
④[県立]三次中学校
⑤[県立]広島叡智学園中学校
⑥[市立]広島中等教育学校
⑦[市立]福山中学校
⑧広島学院中学校
⑨広島女学院中学校
⑩修道中学校
⑪崇徳中学校
⑫比治山女子中学校
⑬福山暁の星女子中学校
⑭安田女子中学校
⑮広島なぎさ中学校
⑯広島城北中学校
⑰近畿大学附属広島中学校福山校
⑱盈進中学校
⑲如水館中学校
⑳ノートルダム清心中学校
㉑銀河学院中学校
㉒近畿大学附属広島中学校東広島校
㉓AICJ中学校
㉔広島国際学院中学校
㉕広島修道大学ひろしま協創中学校

山口県

①[県立] 下関中等教育学校
高森みどり中学校
②野田学園中学校

徳島県

①[県立] 富岡東中学校
川島中学校
城ノ内中等教育学校
②徳島文理中学校

香川県

①大手前丸亀中学校
②香川誠陵中学校

愛媛県

①[県立] 今治東中等教育学校
松山西中等教育学校
②愛光中学校
③済美平成中等教育学校
④新田青雲中等教育学校

高知県

①[県立] 安芸中学校
高知国際中学校
中村中学校

福岡県

①[国立]福岡教育大学附属中学校（福岡・小倉・久留米）
②[県立]
- 育徳館中学校
- 門司学園中学校
- 宗像中学校
- 嘉穂高等学校附属中学校
- 輝翔館中等教育学校

③西南学院中学校
④上智福岡中学校
⑤福岡女学院中学校
⑥福岡雙葉中学校
⑦照曜館中学校
⑧筑紫女学園中学校
⑨敬愛中学校
⑩久留米大学附設中学校
⑪飯塚日新館中学校
⑫明治学園中学校
⑬小倉日新館中学校
⑭久留米信愛中学校
⑮中村学園女子中学校
⑯福岡大学附属大濠中学校
⑰筑陽学園中学校
⑱九州国際大学付属中学校
⑲博多女子中学校
⑳東福岡自彊館中学校
㉑八女学院中学校

佐賀県

①[県立]
- 香楠中学校
- 致遠館中学校
- 唐津東中学校
- 武雄青陵中学校

②弘学館中学校
③東明館中学校
④佐賀清和中学校
⑤成穎中学校
⑥早稲田佐賀中学校

長崎県

①[県立]
- 長崎東中学校
- 佐世保北中学校
- 諫早高等学校附属中学校

②青雲中学校
③長崎南山中学校
④長崎日本大学中学校
⑤海星中学校

熊本県

①[県立]
- 玉名高等学校附属中学校
- 宇土中学校
- 八代中学校

②真和中学校
③九州学院中学校
④ルーテル学院中学校
⑤熊本信愛女学院中学校
⑥熊本マリスト学園中学校
⑦熊本学園大学付属中学校

大分県

①[県立]大分豊府中学校
②岩田中学校

宮崎県

①[県立]五ヶ瀬中等教育学校
②[県立]
- 宮崎西高等学校附属中学校
- 都城泉ヶ丘高等学校附属中学校

③宮崎日本大学中学校
④日向学院中学校
⑤宮崎第一中学校

鹿児島県

①[県立]楠隼中学校
②[市立]鹿児島玉龍中学校
③鹿児島修学館中学校
④ラ・サール中学校
⑤志學館中等部

沖縄県

①[県立]
- 与勝緑が丘中学校
- 開邦中学校
- 球陽中学校
- 名護高等学校附属桜中学校

もっと過去問シリーズ

北海道

北嶺中学校
7年分（算数・理科・社会）

静岡県

静岡大学教育学部附属中学校
（静岡・島田・浜松）
10年分（算数）

愛知県

愛知淑徳中学校
7年分（算数・理科・社会）
東海中学校
7年分（算数・理科・社会）
南山中学校男子部
7年分（算数・理科・社会）
南山中学校女子部
7年分（算数・理科・社会）
滝中学校
7年分（算数・理科・社会）
名古屋中学校
7年分（算数・理科・社会）

岡山県

岡山白陵中学校
7年分（算数・理科）

広島県

広島大学附属中学校
7年分（算数・理科・社会）
広島大学附属福山中学校
7年分（算数・理科・社会）
広島学院中学校
7年分（算数・理科・社会）
広島女学院中学校
7年分（算数・理科・社会）
修道中学校
7年分（算数・理科・社会）
ノートルダム清心中学校
7年分（算数・理科・社会）

愛媛県

愛光中学校
7年分（算数・理科・社会）

福岡県

福岡教育大学附属中学校
（福岡・小倉・久留米）
7年分（算数・理科・社会）
西南学院中学校
7年分（算数・理科・社会）
久留米大学附設中学校
7年分（算数・理科・社会）
福岡大学附属大濠中学校
7年分（算数・理科・社会）

佐賀県

早稲田佐賀中学校
7年分（算数・理科・社会）

長崎県

青雲中学校
7年分（算数・理科・社会）

鹿児島県

ラ・サール中学校
7年分（算数・理科・社会）

※もっと過去問シリーズは
国語の収録はありません。

教英出版
〒422-8054
静岡県静岡市駿河区南安倍3丁目12−28
TEL 054-288-2131
FAX 054-288-2133
詳しくは教英出版で検索
教英出版 検索
URL https://kyoei-syuppan.net/

令和六年度　大手前丸亀中学校　中学入試（前期）　国語　問題用紙　その一　(45分)

☆答えはすべて、「解答用紙」に書きなさい。

【一】次の文章を読んで、後の問いに答えなさい。

お詫び
著作権上の都合により、文章は掲載しておりません。
ご不便をおかけし、誠に申し訳ございません。
教英出版

お詫び
著作権上の都合により、文章は掲載しておりません。
ご不便をおかけし、誠に申し訳ございません。
教英出版

［ラース・ヘンリク・オーゴード（訳　枇谷玲子）『地球で暮らすきみたちに知ってほしい50のこと』より。なお、出題の関係上、本文の一部を省略・変更しています。］

注　シフト…移行。

問一　===線部a～eのカタカナを漢字に直しなさい。

問二　［　　］1～3にあてはまる言葉として最も適当なものを次のア～エの中から一つずつ選び、記号で答えなさい。
（ただし、同じ記号は二度使えません。以下の問題も同じです。）

ア　でも　　イ　そのため　　ウ　ところで　　エ　また

問三　左の一文は本文中の［A］～［D］のどこかに入ります。最も適当なものを一つ選び、記号で答えなさい。

> ぞうきんが水を吸うようにね。

問四　——線部①「これには1つ副作用が伴《ともな》う」について、以下の問いに答えなさい。

（1）「これ」が指し示す内容を、「～こと。」につながるように十五字以内で説明しなさい。（句読点も一字と数えます。以下の問題も同じです。）

（2）「副作用」について説明した左の文の［　　］Ⅰ～Ⅲにあてはまる言葉を、それぞれ指定の字数で本文中からぬき出して答えなさい。

> 大量に放出された［Ⅰ（五字）］が海や大地では吸収しきれず、大気中にたくさんふくまれるようになると、地球に蓄《たくわ》えられた［Ⅱ（四字）］が放出されにくくなり、世界全体の［Ⅲ（二字）］が上がってしまうこと。

問五　——線部②「デンマークの国土が将来狭《せば》まるのは、ほぼまちがいない」とありますが、筆者がこのように言う理由として、最も適当なものを次のア～エの中から一つ選び、記号で答えなさい。

ア　海岸沿いには大都市の代わりに、太陽の光を反射する雪や氷をたくさん作らなければならないから。
イ　標高が低く、山もないので、海面が上昇《じょうしょう》するとそれまで陸地だったところも海底に沈《しず》んでしまうから。
ウ　海岸沿いの町を内陸側に移すときに、もともとの町よりも規模が大きくなってしまうから。
エ　あらしの時の高い波から町を守るための丈夫《じょうぶ》な堤防《ていぼう》をつくるには、たくさんの面積を必要とするから。

問六　——線部③「地球温暖化の影響《えいきょう》は、これに留《とど》まらない」とありますが、筆者は他に何が起こると考えていますか。本文中から四字でぬき出して答えなさい。

問七　［　　］にあてはまる言葉として最も適当なものを次のア～エの中から一つ選び、記号で答えなさい。

ア　食料の量は減り、値段が上がる
イ　食料の量は減り、値段が下がる
ウ　食料の量が増え、値段が上がる
エ　食料の量が増え、値段が下がる

問八　——線部④「将来、できるだけ石油と石炭とガスの消費量を減らすようにする」とありますが、そのためにするべきこととして筆者が提案していることは何ですか。左の文の［　　］にあてはまる内容を答えなさい。

> 世界中の人達《たち》が、［　　　　］こと。

【二】次の文章を読んで、後の問いに答えなさい。

これまでのあらすじ

主人公、松岡清澄《きよすみ》は高校一年生である。中学校では裁縫《さいほう》好きということが原因でクラスでなんとなく浮《う》いていたが、高校生になってから、近々結婚式《けっこんしき》を挙げる姉のためにドレスをつくってあげるという約束をした。

高校に入学して半年経《た》ち、清澄には宮多を始めとする、一緒《いっしょ》に昼食を食べる友達グループもあったが、ついていけない話題に無理に合わせることはやめて、昼食時に裁縫に関する本を眺《なが》めながら手つきをシミュレーションしていたところ、清澄の手つきを真似《まね》して笑っていた山田という同級生のグループと少し微妙《びみょう》な雰囲気《ふんいき》になった。

校門を出たところでキヨくん、と呼ばれた。振《ふ》り返《かえ》ったその瞬間《しゅんかん》に、強い風が吹《ふ》く。

キヨくん。小学校低学年の頃《ころ》のままに、高杉《たかすぎ》くるみは僕《ぼく》の名を呼ぶ。当時は僕も彼女《かのじょ》を「くるみちゃん」と親しげな感じで呼んでいたのだが、学年が上がるにつれて会話のaキカイが減り、今ではもうどう呼べばいいのかわからない。

「高杉さん。くるみさん。どっちで呼んだらええかな？」

「どっちでも」

名字が高杉というだけで塾《じゅく》の子らに「晋作《しんさく》」と呼ばれていた時期があって嫌《いや》だった、なので晋作でなければ、なんと呼ばれても構わないらしい。

「(注1)高杉晋作、嫌《きら》いなん？」

「嫌いじゃないけど、もうちょい長生きしたいやん」

「なるほど。じゃあ……［　　］、かな」

歩いていると、グラウンドの野球部やサッカー部の声が［1］遠くなっていく。今日は世界がうっすらと黄色くて、遠くの山がぼやけて見えた。春はいつもそうだ。すべての輪郭《りんかく》があいまいになる。

「あんまり気にせんほうがええよ。山田くんたちのことは」

「山田って誰《だれ》？」

僕の手つきを真似て笑っていたのが山田(注2)某《なにがし》らしい。

「私らと同じ中学やったで」

「覚えてない」

個性は大事、というようなことを人はよく言うが、学校以上に「個性を尊重すること、伸《の》ばすこと」に向いていない場所は、たぶんない。柴犬《しばいぬ》の群れに交じった(注3)ナポリタン・マスティフ。あるいはポメラニアン。①集団の中でもてはやされる個性なんて、せいぜいその程度のものだ。犬の集団にアヒルが入ってきたら、あつかいに困る。

アヒルはアヒルの群れに交じれば見分けがつかなくなる。その程度のめずらしさであっても、学校ではもてあまされる。浮く。［2］笑いながらbシグサを真似される。

「だいじょうぶ。慣れてるし」

けど、お気遣《きづか》いありがとう。そう言って隣《となり》を見たら、くるみはいなかった。数メートル後方でしゃがんでいる。灰色の石をつまみあげて、［3］とcカンサツしはじめた。

「なにしてんの？」

「うん、石」

うん、石。ぜんぜん答えになってない。入学式の日に「石が好き」だと言っていたことはもちろんちゃんと覚えていたが、まさか道端《みちばた》の石を拾っているとは思わなかった。

「いつも石拾ってんの？　帰る時に」

「いつもではないよ。だいたい土日にさがしにいく。河原とか、山に」

「土日に？　わざわざ？」

「やすりで磨《みが》くの。つるつるのぴかぴかになるまで」

放課後の時間はすべて石の研磨《けんま》にあてているという。ほんまにきれいになんねんで、と言う②頰《ほお》がかすかに上気している。

ポケットから取り出して見せられた石は三角のおにぎりのような形状だった。たしかによく磨《みが》かれている。触《さわ》ってもええよ、と言われて、手を伸《の》ばした。指先で、しばらくすべすべとした感触《かんしょく》を楽しむ。

「さっき拾った石も磨《みが》くの？」

くるみはすこし考えて、これはたぶん磨かへん、と答えた。

「磨かれたくない石もあるから。つるつるのぴかぴかになりたくないってこの石が言うてる」

石には石の意思がある。駄洒落《だじゃれ》のようなことを真顔で言うが、意味がわからない。

「石の意思、わかんの？」

「わかりたい、といつも思ってる。それに、ぴかぴかしてないときれいやないってわけでもないやんか。ごつごつのざらざらの石のきれいさってあるから。そこは尊重してやらんとな」

じゃあね。その挨拶《あいさつ》があまりに唐突《とうとつ》でiそっけなかったので、怒《おこ》ったのかと一瞬《いっしゅん》焦《あせ》った。

「キヨくん、まっすぐやろ。私、こっちやから」

川沿いの道を一歩踏《ふ》み出《だ》してから振《ふ》り返《かえ》った。ずんずんと前進していくくるみの後ろ姿は、巨大《きょだい》なリュックが移動しているように見えた。

石を磨くのが楽しいという話も、石の意思という話も、よくわからなかった。わからなくて、おもしろい。わからないことに触《ふ》れるということ。似たもの同士で「わかるわかる」と言い合うより、そのほうが楽しい。

ポケットの中でスマートフォンが鳴って、宮多からのメッセージが表示された。

「昼、なんか怒ってた？　もしや俺《おれ》あかんこと言うた？」

違《ちが》う。声に出して言いそうになる。宮多はなにも悪いことをしていない。ただ僕《ぼく》があの時、気づいてしまっただけだ。自分が楽しいふりをしていることに。

いつも、ひとりだった。

教科書を忘れた時に気軽にdカりる相手がいないのは、ii心もとない。ひとりでぽつんと弁当を食べるのは、わびしい。でもさびしさをごまかすために、自分の好きなことを好きではないふりをするのは、好きではないことを好きなふりをするのは、もっともっとさびしい。

好きなものを追い求めることは、楽しいと同時に③とても苦しい。その苦しさに耐《た》える覚悟《かくご》が、僕にはあるのか。

文字を入力する指がひどく震《ふる》える。

「ちゃうねん。ほんまに本読みたかっただけ。刺繍《ししゅう》の本」

ポケットからハンカチを取り出した。祖母にほめられた猫《ねこ》の刺繍を撮影《さつえい》して送った。すぐに既読《きどく》の通知がつく。

「こうやって刺繍するのが趣味《しゅみ》で、ゲームとかほんまはぜんぜん興味なくて、自分の席に戻《もど》りたかった。ごめん」

ポケットにスマートフォンをつっこんだ。数歩歩いたところで、またスマートフォンが鳴った。

「え、めっちゃうまいやん。松岡くんすごいな」

そのメッセージを、④何度も繰《く》り返《かえ》し読んだ。

わかってもらえるわけがない。どうして勝手にそう思いこんでいたのだろう。

今まで出会ってきた人間が、みんなそうだったから。だとしても、宮多は彼《かれ》らではないのに。

いつのまにか、また靴紐《くつひも》がほどけていた。しゃがんだ瞬間《しゅんかん》、川で魚がぱしゃんと跳《は》ねた。波紋《はもん》が幾重《いくえ》にも広がる。太陽の光を受けた川の水面が風で波打つ。まぶしさに目の奥《おく》が痛くなって、じんわりと涙《なみだ》が滲《にじ》む。

きらめくもの。揺《ゆ》らめくもの。目に見えていても、かたちのないものには触れられない。すくいとってeホカンすることはできない。太陽が翳《かげ》ればたちまち消《き》え失《う》せる。だからこそ美しいのだとわかっていても、願う。布の上で、あれを再現できたらいい。そうすれば指で触れて確かめられる。身にまとうことだって。そういうドレスをつくりたい。着てほしい。すべてのものを「無理」と遠ざける姉にこそ。きらめくもの。揺らめくもの。どうせ触れられないのだから、なんてあきらめる必要などない。無理なんかじゃないから、ぜったい。

どんな布を、どんなかたちに裁断して、どんな装飾《そうしょく》を施《ほどこ》せばいいのか。それを考えはじめたら、いてもたってもいられなくなる。

それから、明日。明日、学校に行ったら、宮多に例のにゃんこなんとかというゲームのことを、教えてもらおう。好きじゃないものを好きなふりをする必要はない。でも僕はまだ宮多たちのことをよく知らない。知ろうともしていなかった。

⑤ 靴紐をきつく締《し》め直して、歩く速度をはやめる。

［寺地はるな『水を縫う』より。なお、出題の関係上、本文の一部を省略・変更しています。］

注1　高杉晋作《たかすぎしんさく》…江戸《えど》末期の人物。肺結核《はいけっかく》のため二十九歳《さい》で死去。

2　某《なにがし》…人や所の名、また事物の名称《めいしょう》などを知らない時に、その名の代わりとして用いる。

3　ナポリタン・マスティフ…犬種の一つ。続く「ポメラニアン」も同じ。

問一　＝＝線部a～eのカタカナを漢字に直しなさい。

問二　［　］1～3にあてはまる言葉として最も適当なものを次のア～エの中から一つずつ選び、記号で答えなさい。

ア　くすくす　イ　しげしげ　ウ　ぜんぜん　エ　どんどん

問三　〰〰線部ⅰ「そっけなかった」、ⅱ「心もとない」の意味として最も適当なものをそれぞれ次のア～エの中から一つずつ選び、記号で答えなさい。

ⅰ「そっけなかった」

ア　暗かった　イ　冷たかった　ウ　突然《とつぜん》だった　エ　だしぬけだった

ⅱ「心もとない」

ア　心配ない　イ　気にしない　ウ　不安だ　エ　ゆううつだ

問四　［　］にあてはまる言葉として最も適当なものを次のア～エの中から一つずつ選び、記号で答えなさい。

ア　高杉さん　イ　晋作　ウ　くるみちゃん　エ　くるみさん

問五　――線部①「集団の中でもてはやされる個性」とありますが、これは、どういうものでしょうか。最も適当なものを次のア～エの中から一つ選び、記号で答えなさい。

ア　異なる集団の中に入っていっても、めずらしがられる個性。

イ　それぞれの集団の中に戻《もど》ってしまえばうもれてしまう個性。

ウ　同じ集団の仲間であるという共通点を持ったうえでの個性。

エ　同じ集団の仲間であっても、もてあまされてしまう個性。

問六　――線部②「頬《ほお》がかすかに上気している」とあるが、このときのくるみの心情を説明した左の文の［　］Ⅰ・Ⅱにあてはまる言葉を、それぞれ指定の字数で本文中からぬき出して答えなさい。Ⅲについては、あてはまる言葉を自分で考えて、五字程度で答えなさい。

自分の［Ⅰ（二字）］な［Ⅱ（一字）］に関することの話ができて［Ⅲ（五字程度）］。

問七　――線部③「とても苦しい」とありますが、それはなぜですか。理由として最も適当なものを次のア～エの中から一つ選び、記号で答えなさい。

ア　まわりの人から離《はな》れて孤独《こどく》に耐《た》えなければならないから。

イ　自分にさびしくないと言い聞かせなければならないから。

ウ　好きではないことを好きなふりをしなければならないから。

エ　好きなことを続けたところでうまくいくか分からないから。

問八　――線部④「何度も繰《く》り返《かえ》し読んだ」とあるが、このときの清澄《きよすみ》の様子を説明した左の文の［　　］Ⅰ・Ⅱにあてはまる言葉を、それぞれ指定の字数で本文中からぬき出して答えなさい。Ⅲについては、あてはまる言葉を自分で考えて、五字程度で答えなさい。

> 自分の趣味《しゅみ》について［Ⅰ（十三字）］と思いこんでいたため、［Ⅱ（二字）］から刺繍《ししゅう》をほめられたことを［Ⅲ（五字程度）］でいる。

問九　――線部⑤「靴紐《くつひも》をきつく締《し》め直して、歩く速度をはやめる」とありますが、このときの清澄《きよすみ》の様子として最も適当なものを次のア～エの中から一つ選び、記号で答えなさい。

ア　好きなふりをすることをやめ、嫌《いや》なものは嫌だと伝えようと考えている。
イ　姉のドレスの作成と友人を理解することに対して、はやる気持ちがある。
ウ　山田のところへ行き、自分を真似《まね》したことを謝罪させようと思っている。
エ　周りの人間にも自分の好きなものを理解させていこうと意気込《いきご》んでいる。

令和６年度　大手前丸亀中学校　中学入試（前期）　算数試験問題

(45分)

【１】次の□にあてはまる数を入れなさい。ただし，円周率は3.14とします。

（１）$12-(18-6)\div 4=$□

（２）$162-132\div(32-7\times 3)\times 6=$□

（３）$5-3\times 0.9-0.4\div 0.2=$□

（４）$3\frac{2}{5}-\frac{2}{5}\times\frac{5}{4}+3\frac{1}{3}=$□

（５）$5\div\left(\frac{1}{4}-0.2\right)+5\times\left(0.4-\frac{1}{5}\right)=$□

（６）次の図の台形の面積は□cm^2です。

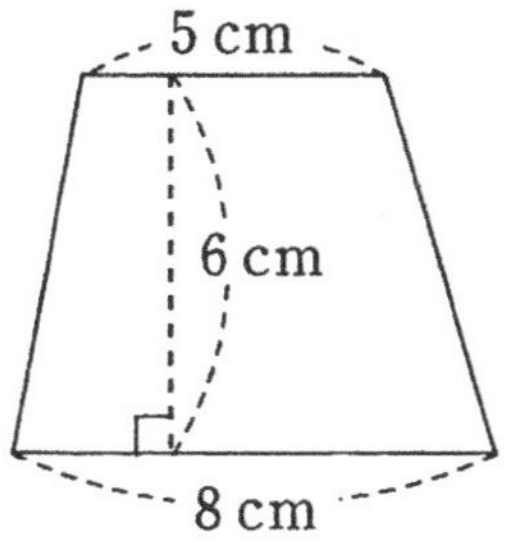

（７）半径が6 cm，中心角の大きさが120°のおうぎ形の面積は□cm^2です。

（８）次の図で，角xの大きさは□°です。

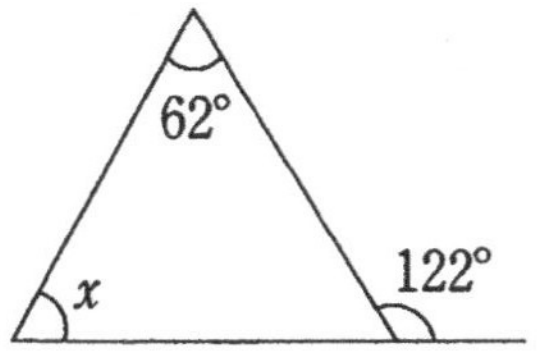

（９）75枚の色紙を姉と妹で分けます。姉と妹のもらう枚数の比が8：7になるように分けると，姉がもらう枚数は□枚です。

（10）7.2 kmの道のりを時速□kmで進むと45分かかります。

（11）濃度が6％の食塩水150 gの中には，食塩が□gふくまれています。

（12）54と180の最大公約数は□です。

【２】次の図は中心角が90°と180°のおうぎ形を組み合わせた図形で，点は各円の中心を表します。斜線部分のまわりの長さと面積を求めなさい。ただし，円周率は3.14とします。

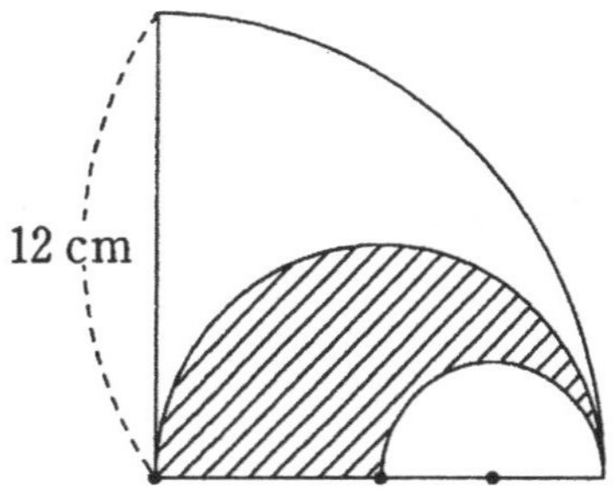

【３】次の立体の体積を求めなさい。ただし，円周率は3.14とします。

（１）円柱

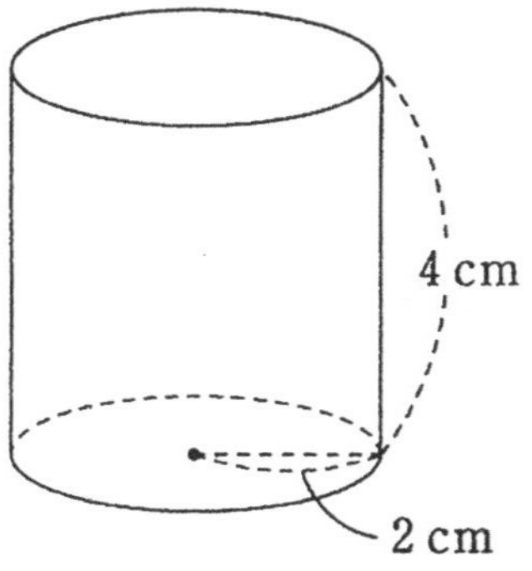

（２）四角すい

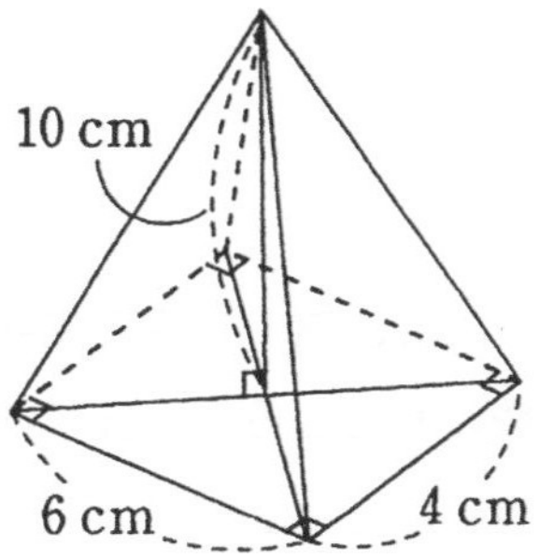

【４】次の図は，直方体から円柱の半分をくりぬいた立体です。この立体の体積を求めなさい。ただし，円周率は3.14とします。

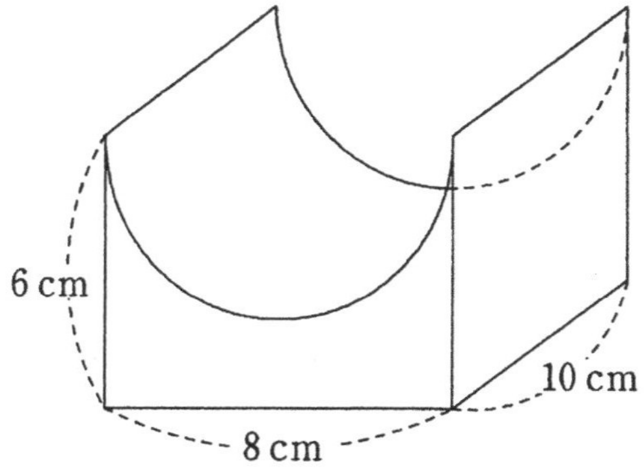

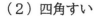

【5】次の値は，あるクラスの生徒20人の通学時間を調べた結果を示したものです。

7　16　13　9　3　12　9　14　6　18

11　3　8　22　13　5　12　2　10　5　（単位：分）

（1）平均値を求めなさい。

（2）中央値を求めなさい。

（3）10分以上15分未満の人は全体の何％か求めなさい。

【6】ひろしさんは，買ってきた牛乳の60％を1日目に飲み，残った牛乳の25％を2日目に飲んだところ，牛乳は480 cm^3 残りました。

（1）ひろしさんは何 cm^3 の牛乳を買ってきたか求めなさい。

（2）ひろしさんが2日目に飲んだ牛乳の量は何 cm^3 か求めなさい。

【7】A地点とB地点は40 kmはなれています。太郎さんはA地点から，花子さんはB地点からそれぞれ一定の速さでA地点とB地点の間を1往復します。

8時に太郎さんがA地点を出発し，8時5分に花子さんがB地点を出発しました。2人は8時32分に一度出会いました。その後，太郎さんはB地点に到着して10分間，花子さんはA地点に到着して5分間，それぞれ休けいしてから再び出発しました。太郎さんは9時50分にA地点に戻りました。

下のグラフは2人のA地点からのきょりと，出発してからの時間の関係を表したものです。

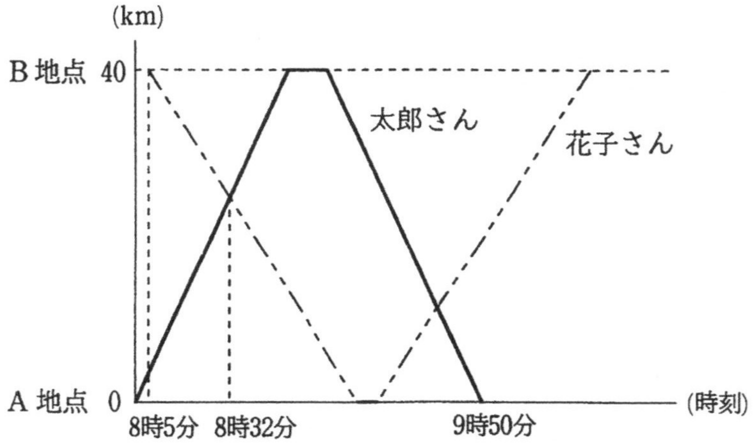

（1）太郎さんの移動する速さは時速何kmか求めなさい。

（2）花子さんが再びB地点に戻ってくるのは何時何分か求めなさい。

（3）2人が2回目に出会ったのは何時何分か求めなさい。

令和６年度　大手前丸亀中学校　中学入試（前期）英語　試験問題　　令和５年12月29日実施　問題用紙　その１

＊解答はすべて解答用紙に書きなさい。

(30分)

【１】次の単語の意味を日本語で書きなさい。なお、数を書く場合は数字と漢字のどちらでもかまいません。また、カタカナを用いてもかまいませんが、英語をそのままカタカナになおしたものは不可とします。（例：car ○ クルマ / × カー）

1. beach　　2. the U.K.　　3. October　　4. bath　　5. world

6. vacation　　7. dictionary　　8. peace　　9. idea　　10. hundred

【２】次の日本語の意味になるように、各英文のかっこに入れるのに正しい語をア～ウより選び、その記号を答えなさい。

1. あなたの好きな科目は何ですか。
   What (　　　　) your favorite subject?
   ア．is　　イ．are　　ウ．am

2. 彼女は数学が得意です。
   She is good (　　　　) math
   ア．in　　イ．on　　ウ．at

3. 私たちはたいてい１２時に昼食を取ります。
   We usually have lunch (　　　　) 12:00.
   ア．on　　イ．at　　ウ．in

4. アイスクリームは好きですか。
   (　　　　) you like ice cream?
   ア．Does　　イ．Do　　ウ．Is

5. 彼女は踊ることができます。
   She can (　　　　).
   ア．dancing　　イ．dance　　ウ．danced

6. 私の誕生日は７月です。
   My birthday is (　　　　) July.
   ア．on　　イ．in　　ウ．to

7. 彼らは先週末に動物園に行きました。
   They (　　　　) to the zoo last weekend.
   ア．went　　イ．goes　　ウ．going

8. 私は医者になりたいと思っています。
   I want to (　　　　) a doctor.
   ア．am　　イ．is　　ウ．be

9. 猫はテーブルの上にいます。
   The cat is (　　　　) the table.
   ア．on　　イ．at　　ウ．in

10. 私のコンピューターは古いです。
   My computer is (　　　　).
   ア．difficult　　イ．easy　　ウ．old

【３】次の日本語の意味になるように、ア～エの与えられた語(句)を並べかえて英文を完成させたとき、(①)と(②)に入る語(句)の記号を答えなさい。なお、与えられた語(句)はそれぞれ一度しか使えません。また、文のはじめに来る語の一文字目も小文字で与えられています。

1.　私たちはふだん公園でテニスをします。
[ア. play / イ. in / ウ. usually / エ. tennis]
We (①)(　　)(②)(　　) the park.

2.　あなたは何冊本を持っていますか。
[ア. do / イ. books / ウ. you / エ. many]
How (①)(　　)(②)(　　) have?

3.　私たちはアメリカに行ってみたい。
[ア. want / イ. go / ウ. to / エ. to]
We (①)(　　)(②)(　　) America.

4.　彼女の妹は何歳ですか。
[ア. old / イ. her sister / ウ. is / エ. how]
(①)(　　)(②)(　　)?

5.　あなたは昨日朝食に何を食べましたか。
[ア. you / イ. what / ウ. did / エ. have]
(①)(　　)(②)(　　) for breakfast yesterday?

6.　彼は英語が上手に話せますか。
[ア. English / イ. he / ウ. speak / エ. can]
(①)(　　)(②)(　　) well?

7.　ケンは東京の出身ではありません。
[ア. is / イ. not / ウ. Ken / エ. from]
(①)(　　)(②)(　　) Tokyo.

8.　通学方法は何ですか。
[ア. go / イ. do / ウ. how / エ. you]
(①)(　　)(②)(　　) to school?

9.　なぜ犬が好きなのですか。
[ア. like / イ. why / ウ. you / エ. do]
(①)(　　)(②)(　　) dogs?

10.　いつ中国を訪れましたか。
[ア. you / イ. visit / ウ. did / エ. when]
(①)(　　)(②)(　　) China?

11.　その車はいくらですか。
[ア. much / イ. the car / ウ. how / エ. is]
(①)(　　)(②)(　　)?

12.　私の兄は昨日テレビを見ませんでした。
[ア. watch / イ. yesterday / ウ. didn't / エ. TV]
My brother (①)(　　)(②)(　　).

【４】次の英文は、ある小学生が書いた三回分の日記です。よく読んで、あとの問いに日本語で答えなさい。

November 12

I went to the park in the morning. I saw a gingko tree. It was very large. The green leaves were very beautiful.

November 19

It was rainy today. So I didn't go to the park. I want to go to the park again. (1)I want to see that gingko tree, too.

November 26

I visited the park with my friends today. The leaves on the gingko tree were yellow. We saw a lot of gingko nuts, too. It was a very beautiful sight. I had lunch with my friends under the tree. (2)I enjoyed it very much. I want to visit the park again.

［語句］ ginkgo: イチョウ　leaves: 葉　were: ～でした　rainy: 雨降りの
so: だから、それで　gingko nut: 銀杏(ぎんなん)　sight: 光景

問１. 下線部(1)の英語を日本語に直しなさい。

問２. 下線部(2)で、日記の書き手が「大いに楽しんだ」と述べているのは、どんなことか、答えなさい。

問３. 次の内容は、どの日付の日記の内容と一致しますか。一致する日記の日付を○月○日という形で解答欄に記入しなさい。
ただし、内容の一致する日記のない場合は、×と記入しなさい。

① 公園で見たイチョウの木の緑の葉が美しかった。
② 黄色に色づいたイチョウの葉が地面に落ちていた。
③ たくさんの銀杏(ぎんなん)を目にした。
④ 雨だったので公園には出かけなかった。

令和六年度　大手前丸亀中学校　中学入試（前期）　国語　解答用紙

受験番号

氏名

合計

（配点非公表）

【一】

問一　a　b　c　（さ）　d　（しい）　e

問二　1　2　3

問三

問四　1　2　Ⅰ　Ⅱ　Ⅲ　こと。

問五

問六

問七

問八　世界中の人達が、　こと。

小計

【二】

問一　a　b　c　d　（りる）　e

問二　1　2　3

問三　i　ii

問四

問五

問六　Ⅰ　Ⅱ　Ⅲ

問七

問八　Ⅰ　Ⅱ　Ⅲ

問九

小計

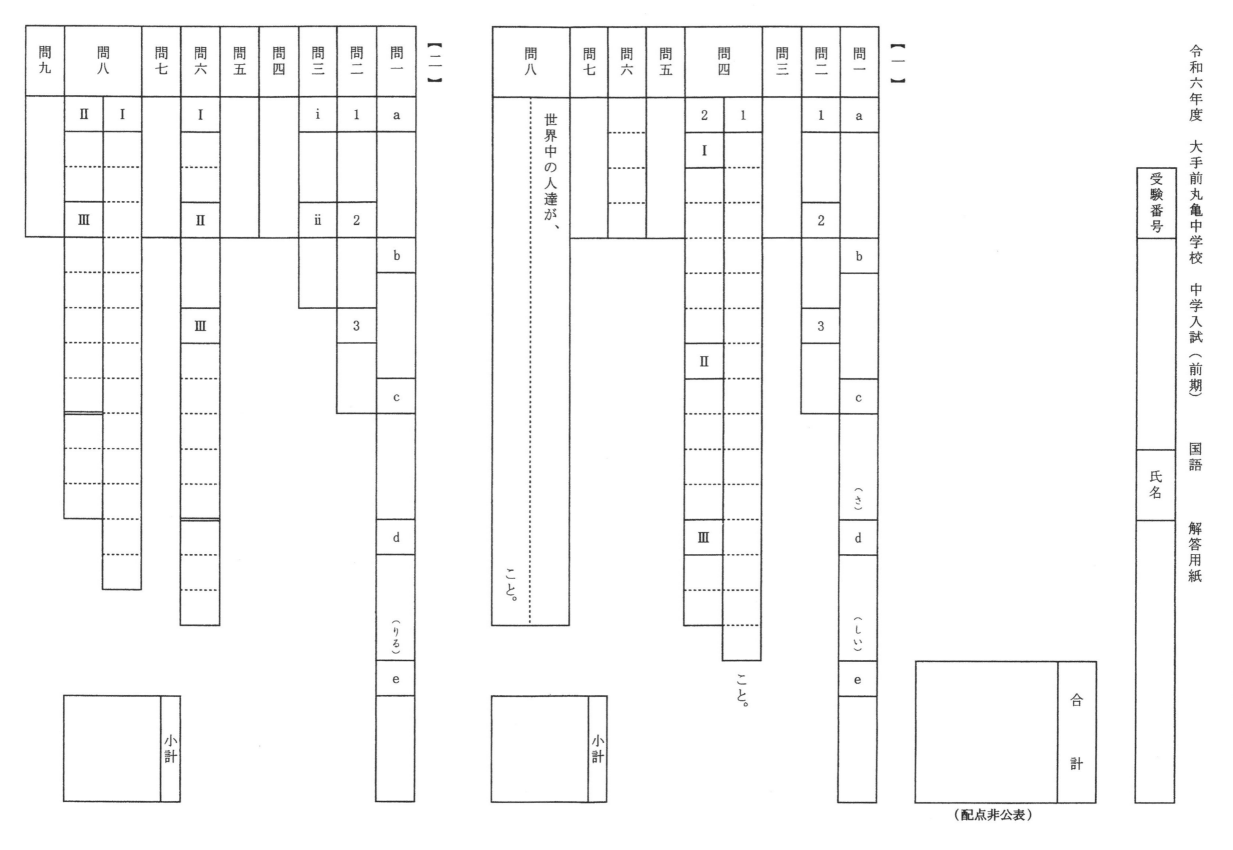

受験番号		小学校名	小学校	名前	

得点	

（配点非公表）

【1】	(1)		(2)		(3)		(4)	
	(5)		(6)	cm^2	(7)	cm^2	(8)	°
	(9)	枚	(10)	時速　km	(11)	g	(12)	

【2】	まわりの長さ　cm	面積　cm^2

【3】	(1)	cm^3	(2)	cm^3

【4】	cm^3

【5】	(1)	分	(2)	分	(3)	%

【6】	(1)	cm^3	(2)	cm^3

【7】	(1)	時速　km	(2)	時　分	(3)	時　分

受験番号		小学校名	小学校	氏名	

得点	

（配点非公表）

【１】	1		2	
	3		4	
	5		6	
	7		8	
	9		10	

【２】	1		2		3		4		5	
	6		7		8		9		10	

【３】	1	①		②		2	①		②	
	3	①		②		4	①		②	
	5	①		②		6	①		②	
	7	①		②		8	①		②	
	9	①		②		10	①		②	
	11	①		②		12	①		②	

【４】	1						
	2						
	3	①		②		③	
		④					

☆答えはすべて、「解答用紙」に書きなさい。

【一】次の文章を読んで、後の問いに答えなさい。

発明王エジソンの名は君たちもよく知っている。しかし君たちとよく似ていたということはあまり知られていない。

トーマス・アルバ・エジソンは一八四七年、アメリカ、オハイオ州のミランの町に生まれた。小さいころ「アル」とよばれたエジソンが君たちと似ていた第一の点は、ものすごいいたずらで、わんぱくだったことだ。[1]君たちもふしぎなことやわからないことをなぜ、どうしてと周りの人にたずねてこまらせたことだろう。いたずらでわんぱくで、探究心が強い子なら[A]何でも自分でやってみたくなる。実験だ。アルはこうして四歳《さい》ごろから、周りの大人が悪い「イタズラ」と思える実験をつぎつぎおこなった。

小学校に入ってもそうだった。先生が教えることより、走る汽車の動く仕組みや、割れたお皿はどうしたら元通りになるかということを考えることにアルは夢中なのだ。おこった先生はバカとよびバツを与《あた》える。アルは学校がきらいになる。こうしてアルはたった三ヵ月で小学校をやめてしまった。発明王といわれるエジソンが、正式に学校にいったのは一生でこれだけだったのである。

学校をやめたアルはお母さんに家で勉強を教えてもらった。元学校の先生をしていた母ナンシーはアルのかくれた才能を見ぬき、それを引き出したすばらしい教育者だった。このやさしいすぐれた母がいたうえに、父は働くことの尊さとaキビしさを通じて、独立の心をアルにうえつけた。

こうして、すでに十二歳のときから、好きな化学の実験薬品を買うため、鉄道の新聞売りになって働く生活が始まった。それ以来エジソンの生涯《しょうがい》は働き、考え、実験する連続だった。そのたゆまぬ努力の結果、タイプライター、電信、発電機、電燈《でんとう》、映画、レコードといった千二百もの大発明が、世界中の人びとにおくられることになったのである。この記録は[B]破られていない。

[2]エジソンは、どんな目をもっていたのだろうか？　エジソンは十三歳のころから片方の耳がきこえなくなっていた。一説には列車のなかの実験で火事をおこしたとき、なぐられたためといわれているが、この火事も「伝説」といわれているのでよくわからない。いずれにしても耳の悪くなったエジソンの目は、[C]音を探し、電話の改良やレコードの発明をなしとげた。自分の吹《ふ》きこんだ「メリーさんの羊」のレコードをきかせ、おどろく人びとのようすを見ているエジソンのいたずらっぽい目を、君もbソウゾウすることができるだろう。

またエジソンは、物理や化学にすぐれた才能をもっていたが、数学だけは苦手だったらしい（ああ、やっぱりそれも私と同じというのはだれでしょう？）。しかし二十六歳のとき、メンロパークに研究所をつくって、科学者や技術者を集め「数学者は私をやとえないが、私は数学者をやとうことができる」といって、目をかがやかしながら、その研究所を発明工場に仕立てていった。はたしてこの研究所からは、つぎつぎと人びとをおどろかすようなすばらしい発明が生み出されていったので、エジソンは「メンロパークの魔術師《まじゅつし》」とよばれるようになった。

確かにエジソンは人びとが望んでいるものを見ぬき、それを工夫《くふう》してつくりあげるすばらしい魔法のような目をもっていた。しかしいま一つ「十日ごとに一つの発明を出す」ため、ほとんど研究所のすみでうたた寝《ね》をするだけで、一日二十時間も考え働く異常な努力と、製品を安く大量に製造する事業家としての力をそなえていた。こうした才能や力をもっている人の目は、確かに私たちから見れば魔法使いか、魔術師のようにあやしい光をおびていたのかもしれない。

①その魔術使いが一八七八年、三十一歳のとき「つぎは明るい照明の発明にとりかかる」と発表した。それまでの照明はガスを燃やした炎《ほのお》によっていたから、暗く、火事や事故の危険があったのだが、それまでもう七十五年以上、何十人の発明家たちがガス燈以上のものをつくろうとしてみな失敗していた。しかし人びとはエジソンにcキタイをよせ、たちまちガス燈会社の株は安くなってしまった。[3]、さすがのエジソンも十日で発明するわけにはいかなかった。一年の時間と五万ド

ルの研究費、六千回の実験、千六百種の試料、記入されたノート二百冊という苦心のすえ、ついに白熱電燈《でんとう》が発明された。

②エジソンはこのとき発明王という称賛《しょうさん》とともに、いま一つすばらしい成果を得たのだ。それはその後この炭素の細い線に電流を通じた電球の実験で、エジソンの目は電気が真空のなかを流れることを見出《みいだ》したことである。この重要な科学上の発見がもとになって真空管がつくられ、今日のラジオやテレビなど電子機械のdハッテンがもたらされた。「エジソン効果」とよばれるこの発見により、それまで実用品の研究者、実際的な【　X　】とだけ考えられていたエジソンは同時にすぐれた【　Y　】の目をもっていたことを科学史上に残したのである。

こうして十二歳《さい》のときからたゆみなく働き続けた発明王の目は、一九三一年八十四歳で閉じられた。その葬儀《そうぎ》の日の午後十時、アメリカの人びとは電燈をひととき消して、その短い闇《やみ》のなかで「天才とは一パーセントのひらめきと九十九パーセントの汗《あせ》とから生まれる」といったこの人の死をいたみ、努力という人間の目と、発明という魔法《まほう》使いの目をもったこの恩人に、静かなeカンシャをささげたということである。

（かこさとし『科学者の目』より。なお、出題の関係上、本文の一部を省略・変更しています。）

問一　＝＝線部a～eのカタカナを漢字に直しなさい。

問二　［　］1～3にあてはまる言葉として最も適当なものを次のア～エの中から一つずつ選び、記号で答えなさい。（ただし、同じ記号は二度使えません。以下の問題も同じです。）

ア　だが　　イ　だから　　ウ　ところで　　エ　また

問三　［　］A～Cにあてはまる言葉として最も適当なものを次のア～エの中から一つずつ選び、記号で答えなさい。

ア　もし　　イ　かえって　　ウ　きっと　　エ　いまだに

問四　小さいころのエジソンの説明として最も適当なものを次のア～エの中から一つ選び、記号で答えなさい。

ア　とてもわんぱくな子どもで、大人たちを困らせようとたくさんの「イタズラ」をした。
イ　いろいろな物事の本質を知りたいという気持ちが強く、自分で実験をして確かめた。
ウ　学校の先生が教えることは間違《まちが》っていると思い反抗的《はんこうてき》な態度を取ったので、よく怒《おこ》られた。
エ　父と母はエジソンのかくれた才能を見ぬき、学校より家で勉強することをすすめた。

問五　——線部①「その魔術使い」とありますが、筆者はエジソンのどのようなところを「魔術使い」だと感じていますか。そのことを説明した左の文のⅠ～Ⅲにあてはまる言葉を、それぞれ指定の字数で本文中からぬき出して答えなさい。

エジソンが［Ⅰ（十一字）］を理解して、それをつくりあげることができただけでなく、人びとに多くの発明をとどけるための、たゆまぬ［Ⅱ（二字）］と［Ⅲ（十二字）］力をそなえていたところ。

問六　——線部②「エジソンはこのとき発明王という称賛《しょうさん》とともに、いま一つすばらしい成果を得たのだ」とありますが、エジソンが「このとき」なしとげたことが二つあります。一つ目を十五字以内で、二つ目を二十五字以内で、本文中の言葉を用いて説明しなさい。句読点や記号も一字と数えます。

問七　【　X　】、【　Y　】にそれぞれあてはまる言葉として最も適当な組み合わせを次のア～エの中から一つ選び、記号で答えなさい。

ア　X　科学者　　Y　発明家
イ　X　発明家　　Y　科学者
ウ　X　教育者　　Y　数学者
エ　X　数学者　　Y　教育者

【二】次の文章を読んで、後の問いに答えなさい。

これまでのあらすじ

小学生の宙《そら》は、実の母である花野《かの》の妹・風海《ふみ》（ママ）、風海の夫・康太《こうた》のもとで育ったが、風海の家族が外国に転勤になったのと宙の小学校入学をきっかけに花野のもとで暮らすことが自然だろうと、花野との二人暮らしが始まった。花野の後輩《こうはい》の佐伯恭弘《さえきやすひろ》はプロの料理人で、宙たちの食事の世話をしている。

お詫び
著作権上の都合により、文章は掲載しておりません。
ご不便をおかけし、誠に申し訳ございません。
教英出版

お詫び
著作権上の都合により、文章は掲載しておりません。
ご不便をおかけし、誠に申し訳ございません。
教英出版

《中略》

お詫び

著作権上の都合により、文章は掲載しておりません。
ご不便をおかけし、誠に申し訳ございません。

教英出版

お詫び

著作権上の都合により、文章は掲載しておりません。
ご不便をおかけし、誠に申し訳ございません。

教英出版

（町田そのこ『宙ごはん』より。なお、出題の関係上、本文の一部を省略・変更しています。）

注1　さっきの台詞《せりふ》…これ以前の場面で宙と口論したときに花野が言った「……あー。やっぱ、無理だわ」という言葉。
2　アブダクト…英語で「誘拐《ゆうかい》する」という意味。
3　昨晩感情のままに丸めて捨てたプリント…宙の小学校での授業参観日のお知らせプリント。

問一　＝＝線部a～eのカタカナを漢字に直しなさい。

問二　□1～3にあてはまる言葉として最も適当なものを次のア～エの中から一つずつ選び、記号で答えなさい。

ア　よろしくお願いします　イ　ありがとう　ウ　ごめんなさい　エ　おはよう

問三　（1）～～線部ⅰ「矛盾《むじゅん》」の意味として最も適当なものを次のア～エの中から一つ選び、記号で答えなさい。

ア　わかったふりをすること。　イ　思いこんでいること。

ウ　誤った理解をすること。　エ　つじつまがあわないこと。

（2）～～線部ⅱ「腰抜《こしぬ》かす」とありますが、「腰を抜かす」という表現で表される心情として最も適当なものを次のア～エの中から一つ選び、記号で答えなさい。

ア　焦《あせ》り　イ　怒《いか》り　ウ　驚《おどろ》き　エ　喜び

問四　——線部①「そんなこと」とは、どんなことですか。本文中の言葉を使って三十字以内で答えなさい。句読点も一字と数えます。

問五　——線部②『やっぱ、あたしには無理だ』とありますが、これは、どういうことでしょうか。最も適当なものを次のア～エの中から一つ選び、記号で答えなさい。

ア　宙《そら》のことが嫌《きら》いで、これから先、育てていくのが無理だということ。

イ　自分への呆《あき》れたり情けない気持ちから、子育てできないということ。

ウ　宙のことは好きだが、好き過ぎて、自分を押《お》しつけてしまうということ。

エ　宙に対して、自分は、弱いというところを見せたくないということ。

問六　——線部③「輪郭《りんかく》のないぼやけた存在」とは、どういう存在ですか。そのことを説明した左の文のⅠ～Ⅲにあてはまる言葉を、それぞれ指定の字数で本文中からぬき出して答えなさい。

> 宙の母親として、宙を育てていこうと引き取ったものの［Ⅰ（二字）］もしないし、［Ⅱ（七字）］を何にもしてあげられないで、結局［Ⅲ（八字）］と自分を責めている弱々しい存在。

問七　——線部④「ふたりはしばらく見合った」とありますが、ここから読み取れることは何でしょうか。最も適当なものを次のア～エの中から一つ選び、記号で答えなさい。

ア　口には出せていなかったが、お互いに一緒に暮らしたかったことがわかり、気持ちが通じ合ったということ。

イ　ふたりとも相手が悪いと思っていたが、話し合いをすることで誤解だったとわかり、安心したということ。

ウ　花野は、宙のことを大事に思っていたが、宙は、花野を母として認めることに抵抗があるということ。

エ　宙は、花野のことを母親だと認めていたが、花野は母親らしい気持ちになれないと思ったということ。

(45分)

【1】次の□にあてはまる数を入れなさい。

（1）$33-(45-17)\div 7=$□

（2）$6\times(15\div 3+7)-13\times 4=$□

（3）$1-0.5\times 0.3\div 0.4=$□

（4）$3\frac{3}{5}\times 2\frac{1}{6}-5\frac{1}{4}\div 1\frac{7}{8}=$□

（5）$1.2\times\frac{5}{12}+1.2\times\frac{2}{3}-1.2=$□

（6）対角線の長さが9 cm，4 cm のひし形の面積は□ cm^2 です。

（7）半径が4 cm の円の円周の長さは□ cm です。

ただし，円周率は3.14とします。

（8）次の四角形の角 x の大きさは□°です。

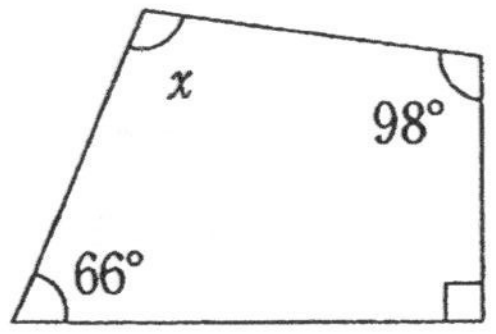

（9）Aさんはおはじきを28個持っています。AさんとBさんの持っているおはじきの個数の比は4：5です。Bさんの持っているおはじきは□個です。

(10) 84と126の最大公約数は□です。

(11) 200 g の3割5分増しは□ g です。

【2】次の図は長方形とおうぎ形を組み合わせた図形です。斜線部分の面積と周囲の長さを求めなさい。ただし，円周率は3.14とします。

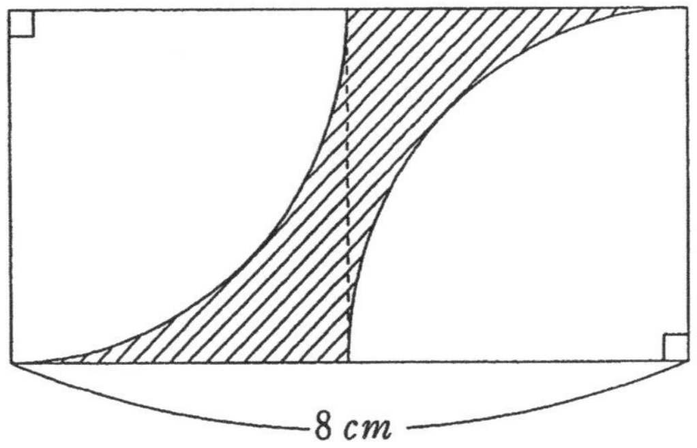

【3】次の立体の体積を求めなさい。ただし，円周率は3.14とします。

（1）

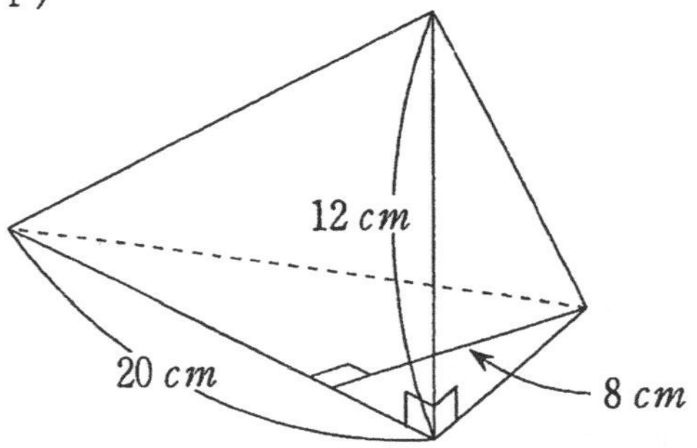

（2）

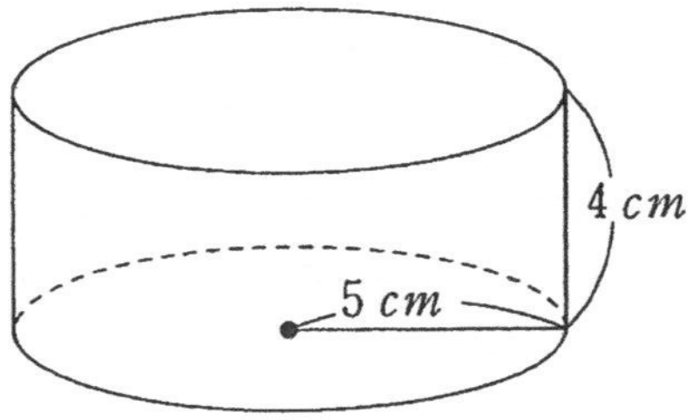

【4】テーブルの上に，図1のようなAB＝4 cm，BC＝5 cm，AE＝8 cm の直方体があります。そこに水を入れ，辺BCをテーブルにつけたまま傾けると図2のようになりました。直方体を水平に戻したときの水の高さを求めなさい。

<図1>

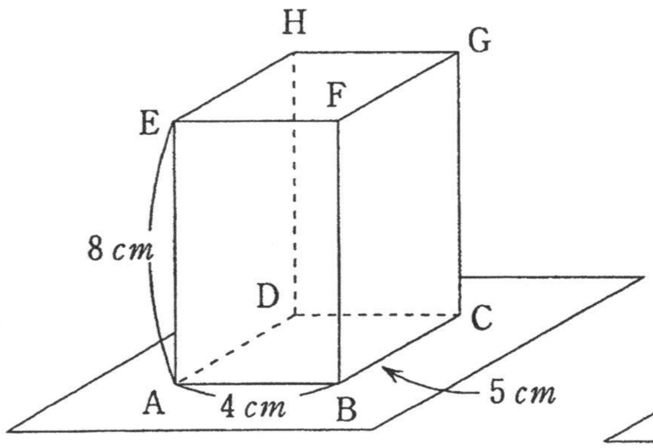

<図2>

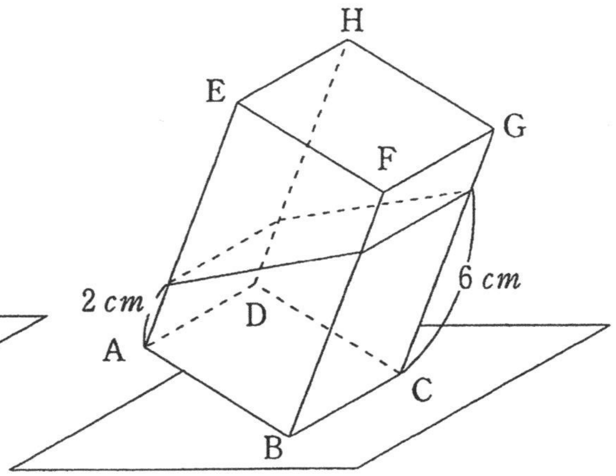

【5】小学6年生16人に20点満点のテストを行ったところ，次のようになりました。

18，17，14，14，16，18，19，7
10，11，18，20，12，10，9，19

（単位：点）

（1）平均値を求めなさい。
（2）中央値を求めなさい。
（3）最頻値を求めなさい。

【6】読書家のA君は250冊の本を持っています。そのうち14％は算数の本です。
ある日、A君は読めなくなった30冊の本を捨てました。捨てた30冊のうち20％が算数の本でした。以下の問いに答えなさい。

（1）A君が最初に持っていた算数の本は何冊か求めなさい。
（2）30冊捨てた後に残っている算数の本は何冊か求めなさい。
（3）30冊捨てた後，A君は新しく75冊の本を買おうと思っています。算数の本の割合を12％以上にするために必要な算数の本は何冊以上か求めなさい。

【7】次のグラフは兄と弟がA町と，そこから2 *km* はなれたB町との間を移動した様子を示しています。横軸は時間を，たて軸は2人がどれだけA町からはなれているかを表しています。なお，兄の速さは分速200 *m* であり，兄も弟もともに速さは一定であるとします。

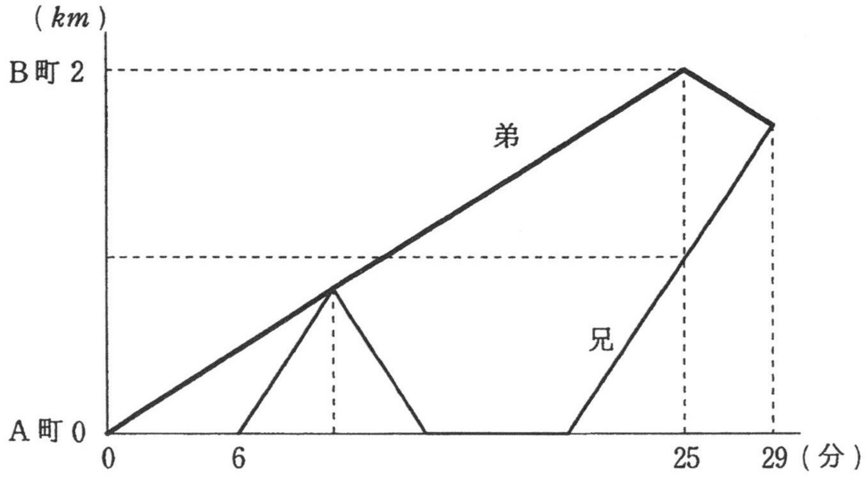

（1）弟の速さは分速何 *m* か求めなさい。
（2）兄が弟と最初に出会うのは，弟がA町を出発してから何分後か求めなさい。
（3）兄が2回目にA町を出発するのは，弟がA町を出発してから何分何秒後か求めなさい。

＊解答はすべて解答用紙に書きなさい。

(30分)

【１】次の英単語の意味を日本語で書きなさい。なお、数を書く場合は、数字と漢字のどちらでもかまいません。また、カタカナを用いてもかまいませんが、英語をそのままカタカナになおしたものは不可とします。(例：car　○ クルマ　/　× カー)

1. November　　2. camel　　3. subway　　4. scissors

5. delicious　　6. beautiful　　7. desert　　8. sea turtle

9. butterfly　　10. teeth

【２】次の日本語の意味になるように、各英文のかっこに入れるのに正しい語(句)をア～ウより選び、その記号を答えなさい。

1. エミリーの誕生日はいつですか。

(　　　　) is Emily's birthday?

ア. Who　　イ. What　　ウ. When

2. 私の名字はタナカです。

My family name (　　　　) Tanaka.

ア. am　　イ. is　　ウ. are

3. この写真を見なさい

Look (　　　　) this picture.

ア. at　　イ. on　　ウ. with

4. 私はときどき、バスで学校に行きます。

I (　　　　) go to school by bus.

ア. always　　イ. often　　ウ. sometimes

5. あなたは先週の日曜日に買い物を楽しみましたか。

(　　　　) you enjoy shopping last Sunday?

ア. Did　　イ. Do　　ウ. Are

6. 昨日は晴れてました。

It (　　　　) sunny yesterday.

ア. were　　イ. is　　ウ. was

7. ルーカスは机のそばにいる。

Lucas is (　　　　) the desk.

ア. in　　イ. under　　ウ. by

8. 私は毎日、自分の部屋をそうじします。

I (　　　　) my room every day.

ア. practice　　イ. help　　ウ. clean

9. あなたはどんな果物が好きですか？

(　　　　) fruit do you like?

ア. How　　イ. Where　　ウ. What

10. あなたは上手に歌うことができる。

You (　　　　) sing well.

ア．is　　　イ．can　　　ウ．do

11. 彼はパン屋ではありません。

He (　　　　) a baker.

ア．isn't　　　イ．can't　　　ウ．aren't

12. これは病院を表す記号ですか？

Is this the symbol (　　　　) a hospital?

ア．for　　　イ．in　　　ウ．by

13. メアリーは私に親切にしてくれる。

Mary is (　　　　) to me.

ア．famous　　　イ．cool　　　ウ．kind

14. あなたはおなかがすいていますか。

Are you (　　　　)?

ア．busy　　　イ．tired　　　ウ．hungry

15. 私は昨年、富士山に行きました。

I (　　　　) to Mt. Fuji last year.

ア．saw　　　イ．went　　　ウ．had

16. 私は夏にはプールで泳ぎます。

I swim in the pool in (　　　　).

ア．fall　　　イ．summer　　　ウ．spring

17. 何になさいますか。

What would you (　　　　)?

ア．like　　　イ．look　　　ウ．do

18. 私は足が速いです。

I run (　　　　).

ア．slow　　　イ．easy　　　ウ．fast

19. あなたの冬休みはどうでしたか？

(　　　　) was your winter vacation?

ア．How　　　イ．What　　　ウ．Who

20. 私は朝ごはんを食べません。

I (　　　　) have breakfast.

ア．didn't　　　イ．don't　　　ウ．can't

【３】次の日本語の意味になるように、ア～ウもしくはア～エの与えられた語(句)を並べかえて英文を完成させたとき、(①) と (②) に入る語の記号を答えなさい。なお、与えられた語(句)はそれぞれ一度しか使えません。また、文のはじめに来る語の一文字目も小文字で与えられています。

1. あなたの出身はどちらですか。

[ア. from / イ. where / ウ. you / エ. are]

(①)(　　)(②)(　　)?

2. 今日は何曜日ですか。

[ア. it / イ. day / ウ. is / エ. what]

(①)(　　)(②)(　　) today?

3. 将来何になりたいですか。

[ア. want / イ. do / ウ. you / エ. to]

What (①)(　　)(②)(　　) be?

4. そのケーキはいくらですか。

[ア. much / イ. the cake / ウ. how / エ. is]

(①)(　　)(②)(　　)?

5. あなたは本を何冊持っていますか。

[ア. books / イ. do / ウ. many / エ. how]

(①)(　　)(②)(　　) you have?

6. 彼女は釣りが得意です。

[ア. she / イ. good / ウ. at / エ. is]

(①)(　　)(②)(　　) fishing.

7. 一緒にテニスをしましょう。

[ア. tennis / イ. let's / ウ. together / エ. play]

(①)(　　)(②)(　　).

8. あの女の子はだれですか。

[ア. girl / イ. is / ウ. who / エ. that]

(①)(　　)(②)(　　)?

9. この川を知っていますか。

[ア. this river / イ. do / ウ. you / エ. know]

(①)(　　)(②)(　　)?

10. はい、知っています。　＊9. に対する答えとして。

[ア. do / イ. yes / ウ. I]

(①), (　　)(②).

【４】小学６年生のJosh君は、卒業文集に載せる記事で、今年の思い出と今後挑戦したいことを書いています。次の英文は、その原稿の一部です。これを読み、与えられた問いに対し、答えを日本語で書きなさい。なお、数を書く場合は、数字と漢字のどちらでもかまいません。また、カタカナを用いてもかまいませんが、英語をそのままカタカナになおしたものは不可とします。

My best memory is our school trip to Kyoto and Nara in May. We saw many temples and shrines and went to Kyoto Aquarium. On the bus and train, I enjoyed talking with my friends. It was fun.

I like soccer and cooking. I usually play soccer with my friends on Tuesday and Thursday. I want to play soccer well. I want to join the soccer club in junior high school. I usually cook lunch with my sister on Sunday. I want to read cooking books in the library in junior high school.

問１. Joshの一番の思い出はいつあった、何ですか。
問２. 思い出の中で、Joshが楽しかったことは何ですか。
問３. Joshが友達とサッカーをするのは何曜日ですか。
問４. Joshが、料理に関して今後してみたいことは何ですか。
問５. 下線を引いた一文を日本語になおしなさい。

令和五年度　大手前丸亀中学校　中学入試（前期）　国語　解答用紙

受験番号

氏名

【一】

問一
a
（しさ）
b
c
d
e

問二
1
2
3

問三
A
B
C

問四

問五
I
III
II

問六
一つ目
二つ目

問七

小計

合計

（配点非公表）

【二】

問一
a
b
c
d
e
（り）

問二
1
2
3

問三
1
2

問四

問五

問六
I
II
III

問七

小計

令和５年度　大手前丸亀中学校　中学入試(前期)　算数　解答用紙　　大手前丸亀中学校　令和４年11月26日実施

受験番号		小学校名	小学校	名前	

得点	

（配点非公表）

【1】	(1)		(2)		(3)		(4)	
	(5)		(6)	cm^2	(7)	cm	(8)	°
	(9)	個	(10)		(11)	g		

【2】	面積 cm^2	周の長さ cm

【3】	(1)	cm^3	(2)	cm^3

【4】	cm

【5】	(1)	点	(2)	点	(3)	点

【6】	(1)	冊	(2)	冊	(3)	冊以上

【7】	(1)	分速　m	(2)	分後	(3)	分　秒後

令和5年度　大手前丸亀中学校　中学入試(前期)　英語　解答用紙

令和4年11月26日実施

受験番号		小学校名	小学校	氏名	

得点	

（配点非公表）

【１】	1		2		3		4	
	5		6		7		8	
	9		10					

【２】	1		2		3		4		5	
	6		7		8		9		10	
	11		12		13		14		15	
	16		17		18		19		20	

【３】	1	①		②		2	①		②	
	3	①		②		4	①		②	
	5	①		②		6	①		②	
	7	①		②		8	①		②	
	9	①		②		10	①		②	

【４】	1	
	2	
	3	
	4	
	5	

☆答えはすべて、「解答用紙」に書きなさい。

【一】次の文章を読んで、後の問いに答えなさい。

「ケータイ」「ラジカセ」のように、本来の言い方である「携帯《けいたい》電話」「ラジオ・カセットテープレコーダー」の一部を省略した言葉を、略語と言います。略語は、本来の言い方を正式なものと考える立場からは、略式で正しい日本語から注逸脱《いつだつ》したものに見えるかもしれません。［A］、実際の言語生活を振《ふ》り返《かえ》ってみると、むしろ略語なしではやっていけない現実があることに気づかされます。≪ 1 ≫

略語は、もとの語形の一部、場合によっては相当な部分を失っていますが、意味はもとのままであるのが普通《ふつう》です。同じ内容をより短い語形で言い表すことができるので、てきぱきと効率的に情報伝達を行うには、①まことに好都合です。

略語は、簡単で便利に使える代用の語形として生まれるわけですが、時のaケイカとともに、代用物としての地位からbカイホウされ自立していくことも多いようです。「スーパーのレジ」と「スーパーマーケットのレジスター」を比べてみれば分かるように、現在では略語の方に代用物という感じがありません。②「テレビ」「ガム」を、本来の言い方である「テレビジョン」「チューインガム」を意識しながら使っている人は、もはやほとんどいないのではないでしょうか。

略語を作る目的は、語の長さを短縮することにあります。しかし、短ければ短いほどよいというわけではありません。本来の語形をそれとなく指し示すことのできる、最低限の長さが必要となります。≪ 2 ≫

例えば外来語は、もとの外国語を日本語式の発音にするために、語形がどうしても長くなりがちです。そのため、略語がさかんに作られることになりますが、その長さは2拍《はく》から長くても5拍、特に4拍が目立って多いことが知られています。次にその語例を示します。

2拍	ロケ（ーション）、スト（ライキ）、コネ（クション）
3拍	パンフ（レット）、マイク（ロホン）、アルミ（ニウム）
4拍	イラスト（レーション）、リハビリ（テーション）
5拍	コンタクト（レンズ）、ステンレス（スチール）

長い外来語を略語にした例

［B］、「拍」はカナ1字分に相当する長さの単位ですが、「ショ」のような拗音《ようおん》だけは2字で1拍になります。例えば上の「コネクション」は、全体で5拍の単語です。

［C］、外来語に限らず、日本語の単語全体について略語の作られ方を調べてみると、圧倒的《あっとうてき》に優勢な省略の仕方が、③前後の二つの成分から2拍ずつをとって4拍にまとめるものであることが分かります。冒頭《ぼうとう》の「ラジカセ」もその例ですが、「リモ（ート）コン（トロール）」「通（信）販（売）」「原（子力）発（電所）」「うな（ぎ）どん（ぶり）」「学（生）割（引）」「サラ（リーマン）金《きん》（融《ゆう》）」など④枚挙にいとまがありません。≪ 3 ≫

一般的《いっぱんてき》に言って、略語はそれがcトウジョウした当初は違和感《いわかん》があっても、大勢の人が使うようになり世の中への定着が進むと、それほど抵抗《ていこう》を感じない普通の言葉になっていくようです。「ワープロ」や「パソコン」もそのような道をたどってきました。しかし、一方で本来の言い方が意識される場合には、⑤それとの対比の中で、格調に欠ける俗《ぞく》っぽい言い方としてのdソクメンが浮《う》かび上がってくることも確かです。≪ 4 ≫

実際に略語を使うときに、注意しなければならないのは、この点です。［D］「セクハラ」という略語は、広く日常的に使われるようになってきており、ふだんの会話などではこれで問題はありません。しかし、⑥役所や法律では、正式の名称《めいしょう》として「セクシュアル・ハラスメント」を採用していることも事実です。

服装に正装と略装があるように、言葉にも正式名称と略称《りゃくしょう》があります。いずれも一方だけでは実際の多様な場面にeタイオウすることができません。大切なのは、場面によって両者を適切に使い分けることであって、一方を切り捨てることではないように思われます。

（相澤正夫「「ケータイ」にひとこと」『日本語学』より。なお、出題の関係上、本文の一部を省略・変更しています。）

注　逸脱《いつだつ》…本筋や決まった範囲《はんい》からそれること。

問一　══線部ａ～ｅのカタカナを漢字に直しなさい。

問二　［　］Ａ～Ｄにあてはまる言葉として最も適当なものを次のア～オの中から一つずつ選び、記号で答えなさい。
（ただし、同じ言葉は二度使えません。）

ア　なお　イ　例えば　ウ　さらに　エ　だから　オ　しかし

問三　――線部①「まことに好都合です」とありますが、それはなぜですか。その理由を説明した左の文の［　］Ⅰ・Ⅱにあてはまる言葉を、それぞれ指定の字数で本文中からぬき出して答えなさい。

> 略語は、もとの語形よりも短い語形で［Ⅰ（四字）］を言い表せるため、［Ⅱ（三字）］に情報伝達を行うことができるから。

問四　――線部②「『テレビ』『ガム』を、本来の言い方である『テレビジョン』『チューインガム』を意識しながら使っている人は、もはやほとんどいない」とありますが、それはなぜですか。その理由を説明した左の文の［　］Ⅰ～Ⅲにあてはまる言葉を、それぞれ指定の字数で本文中からぬき出して答えなさい。

> 「テレビジョン」「チューインガム」の［Ⅰ（三字）］として生まれた「テレビ」「ガム」という略語は、［Ⅱ（二字）］で便利に使えるため、世の中に［Ⅲ（二字）］しているから。

問五　――線部③「前後の二つの成分から２拍《はく》ずつをとって４拍にまとめる」とありますが、次のア～ウの語の略語をこの形で作りなさい。

ア　スターティングメンバー　イ　学生食堂　ウ　就職活動

問六　――線部④「枚挙にいとまがありません」とありますが、「枚挙にいとまがない」の意味として最も適当なものを次のア～エの中から一つ選び、記号で答えなさい。

ア　あげられているもの以外の在り方は見つけられない
イ　数多くあって一つにまとめることができない
ウ　あまりに多くていちいち数えあげることができない
エ　さまざまな種類があって全てを把握《はあく》できない

問七　――線部⑤「それ」とありますが、何を指していますか。本文中から六字でぬき出して答えなさい。

問八　――線部⑥「役所や法律では、正式の名称《めいしょう》として『セクシュアル・ハラスメント』を採用している」とありますが、それはなぜですか。最も適当なものを次のア～エの中から一つ選び、記号で答えなさい。

ア　役所や法律では「セクハラ」などの略語を用いてはならないというきまりがあるから。
イ　「セクハラ」という略語は、日常的に用いられるため役所のイメージに合わないから。
ウ　大勢の人が使うようになったとはいえ、「セクハラ」という略語にはまだ違《い》和《わ》感《かん》が残っているから。
エ　「セクハラ」という略語は、「セクシュアル・ハラスメント」という言い方に比べ、格調に欠け俗《ぞく》っぽいから。

問九　左の一文は《　》1～4のどこかに入ります。最も適当なものを選び、記号で答えなさい。

> 私たちは、略語に対しても柔軟《じゅうなん》な姿勢で臨《のぞ》む必要がありそうです。

【二】次の文章を読んで、後の問いに答えなさい。

僕《ぼく》が地元の少年団で野球を始めたのは小学校四年生の時だ。

幾《いく》つかあったなかで僕が選んだのは〝リトル・マリナーズ〟という名のチームだった。理由は他愛《たあい》もない。子供心にいかしたチーム名のように思えたからだ。

入団したその日、僕は竜次《りゅうじ》とはじめて口をきいた。学年も同じだったし、帰る方向も途中《とちゅう》まで一緒《いっしょ》だった。「野球を始めるんだ」という自分の決意に a コウフンしていた僕は、帰り道ずっと喋《しゃべ》りっぱなしだった。竜次はニヤニヤ笑いながら、黙《だま》って僕の話を聞いてくれていたが、僕がチーム名への憧《あこが》れを口にした途端《とたん》、急に腹を抱《かか》えて笑い出した。僕は足を止め、［ A ］して竜次を見守った。

「うちのチーム名がかっこええやって？　どこがや。監督《かんとく》が、自分のヨメはん自慢《じまん》しとるだけやないか」

「監督の……奥《おく》さん？」

「うちの監督、えらい変わった人でな。今だに自分のヨメはんにぞっこんなんや」

竜次は目に浮《う》かんだ涙《なみだ》を拭《ぬぐ》って言った。

「酒呑《の》むと、よおノロケとるわ。『俺《おれ》のヨメはんは世界一や』言うてな。俺らに言わせりゃ、たんなるケバいオバチャンやけどな」

なんのことか分からず、ぽかんとしていると、竜次は［ B ］笑って言った。

「監督の奥さん、茉莉奈《まりな》いう名前なんや」

「それで……チーム名が……リトル・マリナーズ？」

僕はよほど間抜《まぬ》け面で立ち尽《つ》くしていたのだろう。竜次はまた［ C ］吹《ふ》き出し、しばらく腹を抱えて笑った後で、僕の肩《かた》を叩《たた》いて言った。

「ま、どないな理由にせよ、もう入ってしもたんや。あとは頑張《がんば》るしかないで。言うとくけど、うちの監督、ヨメはんの前では鼻の下長うしとるくせに、俺らに対しては鬼《おに》や。練習は虎《とら》の穴くらいキビシイで。うちが強いのは、そのおかげなんやけどな。ははは」

①そう言って笑う竜次は、やけに嬉《うれ》しそうだった。

詐欺《さぎ》のような名前のチームだったが、竜次の言葉どおり、練習はきつく、試合には強かった。地区では負け知らず、県でも何回戦かまで勝ち進むのが当たり前だった。そのチームにあって、竜次はただ一人、四年生ですでにレギュラーだった。しかもピッチャーである。

小柄《こがら》な竜次が体いっぱい使って投げる球に、相手チームは面白《おもしろ》いように三振凡打《さんしんぼんだ》の山を b キズいた。僕なんかがまだ外野の、さらに奥の草むらで〝球拾い〟ならぬ〝球探し〟をやらされている時の話だ。僕の中で、竜次は《　1　》ヒーローの座に上りつめていった。

竜次の特徴《とくちょう》は、なんと言っても向こう気の強さと大きな声だった。その大きな声で、球審《きゅうしん》の判定に文句をつけることもたびたびだった。小学生のくせに、だ。もちろんその度《たび》に鬼監督にこっぴどく叱《しか》られるのだが、竜次はけろりとしたものだった。

実際、竜次の勢いのいい大声での叱咤激励《しったげきれい》は、たびたびチームを盛りあげた。竜次の声には何としても勝つんだという意気込《いきご》みがあふれていた。

「わいらの勝負に負けはないんや！」

それが竜次の口癖《くちぐせ》だった。やがて気づくことになるのだが、竜次の言わんとするのは〝格上の相手にも絶対勝てる〟というわけではなく、〝勝つまでとことんやる〟というほどの意味だった。だからこそ〝試合〟ではなく〝勝負〟なのだ。思いこみとは恐《おそ》ろしいもので、実際に負けていた試合にしばしば c ギャクテン勝利をもたらしたのは、その根拠《こんきょ》のない確信だった。

六年生の時、僕《ぼく》たちは≪　2　≫県大会で優勝した。その時のエースで四番が竜次《りゅうじ》だ。真っ先に胴上《どうあ》げされたのも竜次だ。竜次の体が、ぴかぴか光る夏空に二回、三回と舞《ま》った光景を僕ははっきりと覚えている。

②……それが竜次の絶頂期だった。

僕と竜次は同じ中学に進んだ。≪　3　≫二人とも野球部に入った。入部当時、県の優勝ピッチャーということで、竜次は先輩《せんぱい》たちからも一目置かれていた。

中学になっても、竜次は相変わらずの向こう気の強さと大声で、誰彼《だれかれ》かまわず容赦《ようしゃ》ない罵声《ばせい》を浴びせた。

「なにやってんねん。幼稚園児《ようちえんじ》でも捕《と》れる球やで」

「あーあ、アホらし。あんた、ようそんなんで野球やってんなあ」

「どんぐさいなあ。野球なんかやめた方がええんとちゃうんか」

先輩であろうが、試合中であろうが、〃絶対に勝っ！〃という竜次の意気込《いきご》みの前には区別がなかった。実績だけが、竜次にその振《ふ》る舞《ま》いを許していたのだ。

しかし、③状況《じょうきょう》はやがて変化し始める。

中学生になると、少年たちは日に日にその姿を変えていく。［　D　］音を立てるように背が伸《の》びていくのだ。僕《ぼく》も例外でなく、一年で十五センチも背が伸びた。比例して走力や筋力もぐんと伸びた。ところが竜次は――。そう、竜次は例外だった。どういうわけか竜次だけは、その自然の恩恵《おんけい》からdジョガイされてしまったのだ。

身長一五八センチ。元々小柄《こがら》だった竜次の身長はそこで［　E　］成長を止めた。周りがどんどん大きくなっていくなか、竜次一人が取り残された。

技術的に大して違《ちが》いのない中学生にとって体格差は絶対的な意味を持つ。竜次の投げる球は、この僕にさえ、軽々と外野の頭を越《こ》えて打ち返されるようになった。そして、それとともに竜次に対するチームメイトの目は少しずつ変化し始めたが、竜次だけがその事実に気づいていないようだった。

二年生の夏、竜次は変化球を覚えようとして肘《ひじ》を壊《こわ》し、中学最後の一年間を棒に振《ふ》った。

僕と竜次は同じ高校に進み、そして野球部に入った。

竜次は相変わらず小柄だった。その頃《ころ》には、竜次の大声と向こう気の強さは、僕の目から見ても注1常軌《じょうき》を逸《いっ》し始めていた。竜次は相変わらず、先輩であろうと試合中であろうと、誰彼かまわず怒鳴《どな》り飛ばした。実力の裏付けのない竜次の罵声を誰が甘《あま》んじて受けるだろう？　もちろん、そのことで先輩から何度もシメられた。竜次一人ではない。連帯責任の名の下に、僕たち一年生が一列に並べられ、順にビンタを食《く》らうのだ。

竜次はたちまち部内で孤立《こりつ》した。が、それでも竜次の傲慢《ごうまん》さは変わらなかった。

「わいはピッチャーですねん」

竜次は頑《がん》として言い張った。チームにはすでに長身のピッチャー　eコウホが二人いた。監督《かんとく》は竜次の小学生からの野球経験を買って、セカンドをやらせようとしていた。しかし監督や顧問《こもん》の先生が何度言っても、竜次は譲《ゆず》ろうとはしなかった。

「ピッチャー以外は、アホらしゅうてやれまへんわ」

竜次は壊れたレコードのように、その台詞《せりふ》を繰《く》り返《かえ》すだけだった。最後に監督は吐《は》き捨《す》てるようにこう言った。

「竜次よ、野球はチームプレイなんや。お前にはむいてないんちゃうか」

そんなわけで、竜次のピッチング練習につき合う奴《やつ》は誰もいなかったから、竜次は壁《かべ》に向かって一人でピッチング練習をすることになった。黙々《もくもく》と、ではない。得意の大声で注2悪態をつきながらだ。

「ちくしょう」「あほんだら」「このボケが」……。

隣《となり》で練習をしているテニス部から苦情が出たほどだ。だから竜次が肩《かた》を痛めたとぼやいているのを聞いた時も、同情する奴は誰もいなかった。

竜次の肩は≪　4　≫治らなかった。腕《うで》が肩より上がらなくなり、しびれがきて箸《はし》が持てなくなって、竜次はようやく医者に行った。

それから二、三日して、竜次が青い顔で部に現れた。その手には、休部届けと医者の診断書《しんだんしょ》が握《にぎ》られていた。後から監督に聞いたところでは、竜次の肩と肘は靭帯《じんたい》がぼろぼろで、これ以上野球を続けることを禁じられたらしい。そのことを聞いた時でさえ、④正直なところ部の誰《だれ》もがほっとしていたのだ。それきり竜次《りゅうじ》はグランドには一度も姿を現さなかった。休部届けは、結果として退部届けとなってしまった。

（柳広司『すーぱー・すたじあむ』より。なお、出題の関係上、本文の一部を省略・変更しています。）

注１　常軌《じょうき》を逸《いっ》する…常識から外れた行動をする。
注２　悪態をつく…激しく悪口を言う。

問一　＝＝線部ａ～ｅのカタカナを漢字に直しなさい。

問二　［　］Ａ～Ｅにあてはまる言葉として最も適当なものを次のア～オの中から一つずつ選び、記号で答えなさい。
（ただし、同じ言葉は二度使えません。）

ア　ぷっと　イ　ぴたりと　ウ　ぽかんと　エ　ミリミリと　オ　ニヤリと

問三　《　》１～４にあてはまる言葉として最も適当なものを次のア～オの中から一つずつ選び、記号で答えなさい。
（ただし、同じ言葉は二度使えません。）

ア　かえって　イ　もちろん　ウ　ついに　エ　なかなか　オ　たちまち

問四　――線部①「そう言って笑う竜次は、やけに嬉《うれ》しそうだった」とありますが、このときの「竜次」の心情を説明した左の文の［　］Ⅰ・Ⅱにあてはまる言葉を、それぞれ指定の字数で本文中からぬき出して答えなさい。

［Ⅰ（八字）］を語る「僕《ぼく》」のことを何も知らない奴《やつ》だと思っているが、野球を始めることに対して強い［Ⅱ（二字）］をもつ「僕」がチームに加入したことを嬉しく思っている。

問五　――線部②「……それが竜次の絶頂期だった」とありますが、このときの様子を説明した左の文の［　］Ⅰ・Ⅱにあてはまる言葉を、それぞれ指定の字数で本文中からぬき出して答えなさい。

［Ⅰ（九字）］という信念をもつ竜次が、［Ⅱ（十二字）］でチームを励《はげ》まし、県大会優勝を達成することができた。

問六　――線部③「状況《じょうきょう》はやがて変化し始める」とありますが、この変化について説明した左の文の［　］Ⅰ～Ⅴにあてはまる言葉を、それぞれ指定の字数で本文中からぬき出して答えなさい。

［Ⅰ（二字）］をもつ竜次の遠慮《えんりょ》のない［Ⅱ（二字）］はチームメイトに許されていたが、やがて［Ⅲ（六字）］のない竜次の振《ふ》る舞《ま》いの［Ⅳ（四字）］を何度も取らされたことで、チームメイトの竜次を見る目が変わり、竜次は［Ⅴ（二字）］することになった。

問七　———線部④「正直なところ部の誰《だれ》もがほっとしていたのだ」とありますが、このときの様子を説明したものとして最も適当なものを次のア～エの中から一つ選び、記号で答えなさい。

ア　チームメイトは、勝つまで練習をやめない竜次《りゅうじ》が活躍《かつやく》するのがおもしろくないので、休部になって安心できた。

イ　チームメイトは、経験者ということで監督《かんとく》にひいきされる竜次が休部することになり、安心していた。

ウ　チームメイトは、けがをしても練習をやめない竜次を心配していたので、医者に禁じられたことで安心できた。

エ　チームメイトは、竜次の傲慢《ごうまん》な態度に我慢《がまん》できずにいたので、竜次の姿を見なくてよくなることに安心していた。

問八　本文の内容として**適当でないもの**を次のア～エの中から一つ選び、記号で答えなさい。

ア　竜次は実力だけでなく度胸もあったので、「僕《ぼく》」やチームメイトは竜次を認め、憧《あこが》れを感じていたときもあった。

イ　竜次は周囲の体格が大きくなり、態度も大きくなったのを許せなかったため、怒鳴《どな》ることをやめなかった。

ウ　竜次は相手の気持ちよりも勝負に勝つことを第一に考え、傲慢《ごうまん》な姿勢を決して改めようとはしなかった。

エ　竜次は小柄《こがら》ではあったが、技術を身につけ、練習に取り組むことで投手として試合に出ることにこだわった。

注意 ： 答えはすべて結果だけを別紙の解答用紙に記入しなさい。

(45分)

【1】次の □ にあてはまる数を求めなさい。

（1） $60 \div 5 + 3 \times 4 =$ □

（2） $54 \div (18 - 3 \times 3) =$ □

（3） $\frac{3}{10} \times \frac{40}{9} + \frac{25}{18} \div \frac{5}{6} =$ □

（4） $4 \times 4 \times 3.14 + 3 \times 3 \times 3.14 =$ □

（5） $1.2 \div \frac{3}{7} - 0.8 \times \frac{5}{2} =$ □

（6）底面が1辺6 cm の正方形，高さが4 cm の四角すいの体積は □ cm^3 です。

（7）60と84の公約数の個数は □ 個であり，最大公約数は □ です。

（8）太郎くんのおこづかいは2000円です。太郎くんと，弟の次郎くんのおこづかいの金額の比は5：4です。このとき，次郎くんのおこづかいは □ 円です。

（9）仕入れ値の2割が利益になるように決めた定価が3000円であるとき，この品物の仕入れ値は □ 円です。

(10) 花子さんは，50 m を10秒で走ります。また花子さんが自転車に乗ると，走ったときの1.5倍の速さで進みます。花子さんが自転車で進むときの速さは時速 □ km です。

【2】次の図形の斜線部分の面積とまわりの長さを求めなさい。
ただし，円周率は3.14とします。

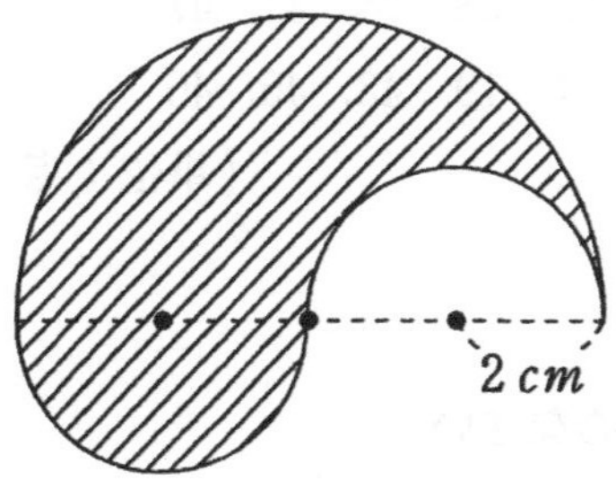

【3】次の立体は，立方体から円柱をくり抜いたものです。この立体の体積を求めなさい。
ただし，円周率は3.14とします。

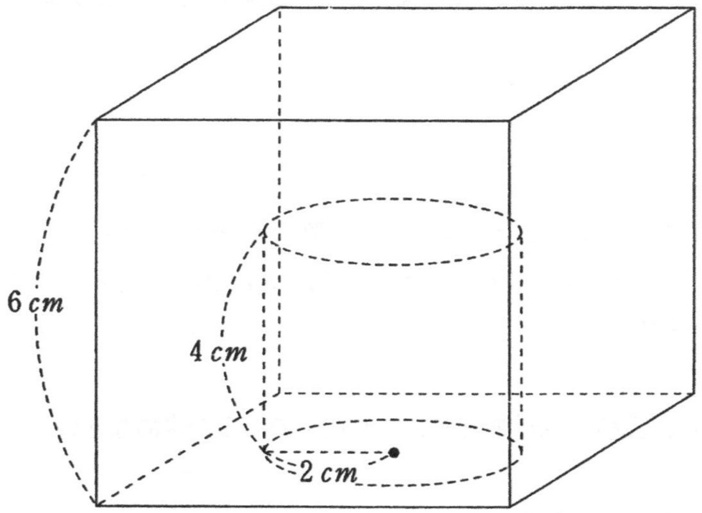

【4】ある中学校の1年生20人について50点満点の計算テストを実施したところ，得点は次のようになりました。

32，48，40，24，33，43，38，38，41，47
43，28，49，39，31，44，19，43，45，46
（単位：点）

（1）最頻値を求めなさい。

（2）中央値を求めなさい。

（3）次の度数分布表の「ア」に入る値を求めなさい。

得点(点)	人数(人)
0以上10未満	
10以上20未満	
20以上30未満	
30以上40未満	ア
40以上50未満	
計	20

（4）最も人数の多い階級に入っている人数の，全体に対する割合は何％か求めなさい。

【5】A町とB町はとなりあった町です。A町の面積は180 km^2 で，人口は54000人です。また，B町の面積は120 km^2 で，面積1 km^2 あたり200人が住んでいることが分かっています。

（1）A町では，面積1 km^2 あたり何人が住んでいるか求めなさい。

（2）B町の人口を求めなさい。

（3）A町とB町が合わさって，新しくC市ができました。C市では，面積1 km^2 あたり何人が住んでいることになりますか。

【6】次のグラフは，一郎くんと花子さんが，家と1080 m はなれたA町の間を一定の速さで移動したときの，家を出発してからの時間と家からどれだけはなれているかの関係を表したものです。2人は同時に家を出て，一郎くんは自転車でA町との間を往復し，花子さんは歩いてA町まで行く途中に公園で少し休みました。
ただし，2人とも止まっている前と後で進む速さは変わらないものとします。

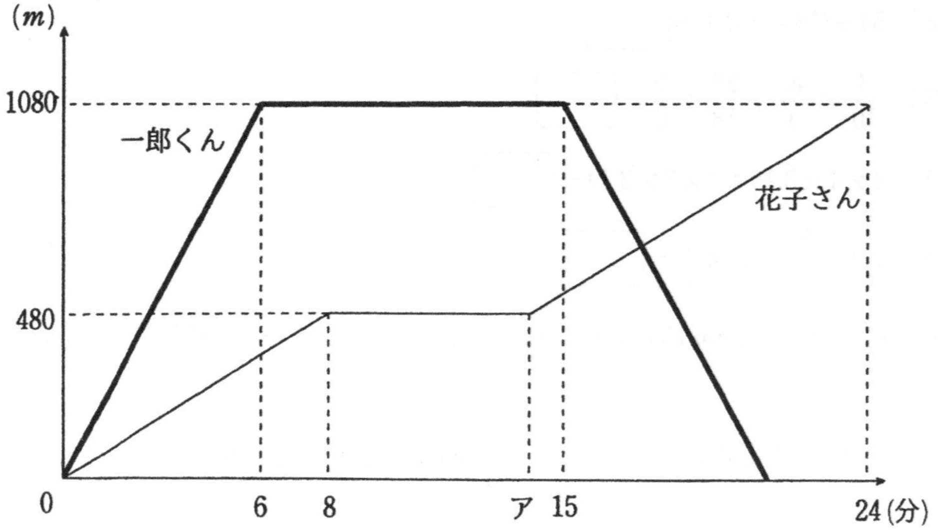

（1）一郎くんと花子さんの進む速さはそれぞれ分速何 m か求めなさい。

（2）上のグラフの「ア」に入る値を求めなさい。

（3）一郎くんと花子さんがすれ違うのは，2人が家を出てから何分何秒後か求めなさい。

＊解答はすべて解答用紙に書きなさい。

(30分)

【 1 】次の英単語の意味を日本語で書きなさい。なお、数を書く場合は、数字と漢字のどちらを用いてもかまいません。また、カタカナを用いてもかまいませんが、英語をそのままカタカナになおしたものは不可とします。(例：car　〇 クルマ　/　× カー)

1. octopus　2. goat　3. March　4. bug　5. map

6. dentist　7. square　8. hungry　9. wheelchair　10. scissors

【 2 】次の日本語の意味になるように、各英文のかっこに入れるのに正しい語(句)をア～ウより選び、その記号を答えなさい。

1. 私はお昼ご飯に、サンドイッチを食べました。

I (　　　) sandwiches for lunch.

ア. ate　イ. eat　ウ. eated

2. お元気ですか。

(　　　) are you?

ア. Who　イ. How　ウ. What

3. 今日は何曜日ですか。

(　　　) day is it today?

ア. Who　イ. What　ウ. When

4. 私は日曜の朝はたいてい８時に起きます。

I usually (　　　) up at eight o'clock on Sunday morning.

ア. walk　イ. get　ウ. go

5. 私は冬休みに遊園地へ行きました。

I (　　　) to the amusement park during the winter vacation.

ア. went　イ. want　ウ. goes

6. ラクダは砂漠に住んでいますか。

(　　　) camels live in the desert?

ア. Is　イ. Are　ウ. Do

7. あなたは宇宙飛行士ではありません。

You (　　　) not an astronaut.

ア. do　イ. am　ウ. are

8. その紅茶とコーヒーは美味しいです。

The tea and coffee (　　　) delicious.

ア. are　イ. is　ウ. am

9. 私は小学生です。

I (　　　) an elementary school student.

ア. is　イ. are　ウ. am

10. 修学旅行は楽しかったです。

The school trip (　　　) fun.

ア．was　　イ．is　　ウ．did

11. 私は雪が好きではありません。

I (　　　) like snow.

ア．can't　　イ．don't　　ウ．isn't

12. あなたのお父さんの誕生日はいつですか。

(　　　) is your father's birthday?

ア．When　　イ．What　　ウ．Where

13. あなたはどこでその自転車を買いましたか。

(　　　) did you buy the bike?

ア．When　　イ．Who　　ウ．Where

14. 私は毎朝お米を食べます。

I (　　　) rice every morning.

ア．ate　　イ．had　　ウ．have

15. まっすぐ行って、左に曲がりなさい。

Go straight and turn (　　　).

ア．right　　イ．left　　ウ．light

16. 私は毎晩、10時に寝ます。

I (　　　) to bed at ten every night.

ア．get　　イ．take　　ウ．go

17. 富士山はとても美しいです。

Mt. Fuji (　　　) very beautiful.

ア．am　　イ．is　　ウ．are

18. 私は大分で温泉を楽しみました。

I (　　　) hot springs in Oita.

ア．enjoyed　　イ．had　　ウ．went

19. トムはレモンを食べられません。

Tom (　　　) eat lemons.

ア．don't　　イ．can't　　ウ．isn't

20. あなたのお気に入りのサッカー選手はだれですか。

(　　　) is your favorite soccer player?

ア．What　　イ．How　　ウ．Who

【３】次の日本語の意味になるように、ア～ウもしくはア～エの与えられた語(句)を並べかえて英文を完成させたとき、(①)と(②)に入る語(句)の**記号を答えなさい**。なお、与えられた語(句)はそれぞれ一度しか使えません。また、文のはじめに来る語(句)の一文字目も小文字で与えられています。

1. あなたはクリケットが得意ですか。
[ア. good / イ. are / ウ. at / エ. you]
(①)(　　)(②)(　　) cricket?

2. あなたはたいてい何時に犬の散歩をしますか。
[ア. what / イ. do / ウ. time / エ. you]
(①)(　　)(②)(　　) usually walk your dog?

3. あなたのおじいさんは何さいですか。
[ア. is / イ. old / ウ. how / エ. your grandfather]
(①)(　　)(②)(　　)?

4. あなたはなぜラジオを聞くのですか。
[ア. you / イ. why / ウ. do / エ. listen to]
(①)(　　)(②)(　　) the radio?

5. 私はブラジルへ行きたいです。
[ア. want / イ. go to / ウ. to / エ. I]
(①)(　　)(②)(　　) Brazil.

6. そのマンガはいくらですか。
[ア. the comic book / イ. how / ウ. is / エ. much]
(①)(　　)(②)(　　)?

7. あなたは書写が好きですか。
[ア. do / イ. like / ウ. calligraphy / エ. you]
(①)(　　)(②)(　　)?

8. はい、好きです。　＊7. に対する答えとして。
[ア. I / イ. yes / ウ. do]
(①), (　　)(②).

9. 私はオーストラリア出身ではありません。
[ア. am / イ. I / ウ. not / エ. from]
(①)(　　)(②)(　　) Australia.

10. あなたは速く泳ぐことができますか。
[ア. fast / イ. swim / ウ. can / エ. you]
(①)(　　)(②)(　　)?

【４】トモ子さんが、好きなマンガのホームページを見ていたところ、同じマンガを好きなハワイのエイミーさんの書き込みを見つけました。エイミーさんは中学生で、日本の中学生と英語でメールのやり取りをしたいと書いてあります。エイミーさんはスポーツや音楽も好きだと書いてあり、気が合いそうなので、トモ子さんはメールを送りました。次の英文は、そのメールの一部です。これを読み、その内容に関する問いに対し、答えを日本語で書きなさい。なお、数を書く場合は、数字と漢字のどちらを用いてもかまいません。また、カタカナを用いてもかまいませんが、英語をそのままカタカナになおしたものは不可とします。

My name is Tomoko Tanaka. I live in Kagawa in Japan. I'm fourteen years old. I like Japanese comic books very much. I like volleyball and badminton, too. I'm in a volleyball team. We practice volleyball on Monday, Tuesday, and Friday. I play badminton with my sisters on Thursday and Saturday. I have two sisters. Kanako is fifteen years old, and Naoko is thirteen years old. They like comic books, too. We like music, and we sometimes play music together. I play the guitar, and my sisters play the piano and the violin. We like hiking, too. We usually walk in a park every day. We sometimes go to a mountain on Sunday. How about you?

問 1. トモ子さんには姉が何人いますか。
問 2. トモ子さんは日曜日にときどき何をしますか。
問 3. トモ子さんがバドミントンをするのは何曜日ですか。すべて答えなさい。
問 4. トモ子さんはたいてい毎日何をしますか。
問 5. 下線を引いた一文を日本語になおしなさい。

令和四年度　大手前丸亀中学校　中学入試（後期）　国語　解答用紙

受験番号

氏名

合計

（配点非公表）

【一】

問一　a　b　c　d　e

問二　A　B　C　D

問三　Ⅰ　Ⅱ

問四　Ⅰ　Ⅱ　Ⅲ

問五　ア　イ　ウ

問六

問七

問八

問九

小計

【二】

問一　a　b　c　d　e

問二　A　B　C　D　E

問三　1　2　3　4

問四　Ⅰ　Ⅱ

問五　Ⅰ　Ⅱ

問六　Ⅰ　Ⅱ　Ⅲ　Ⅳ　Ⅴ

問七

問八

小計

令和４年度 大手前丸亀中学校 中学入試(後期) 算数 解答用紙　　大手前丸亀中学校 令和４年１月22日実施

受験番号		小学校名	小学校	名前	

得点	

（配点非公表）

【1】	(1)		(2)		(3)		(4)	
	(5)		(6)	cm^3	(7)	公約数の個数 個	最大公約数	
	(8)	円	(9)	円	(10)	時速 km		

【2】	面積 cm^2	周りの長さ cm

【3】	cm^3

【4】	(1)	点	(2)	点	(3)		(4)	%

【5】	(1)	人	(2)	人	(3)	人

【6】	(1)	一郎くん 分速 m	花子さん 分速 m	
	(2)		(3)	分　　秒後

令和4年度　大手前丸亀中学校　中学入試後期　英語　解答用紙　　令和4年1月22日実施

受験番号		小学校名	小学校	氏名	

得点	

（配点非公表）

【1】	1		2		3		4	
	5		6		7		8	
	9		10					

【2】	1		2		3		4		5	
	6		7		8		9		10	
	11		12		13		14		15	
	16		17		18		19		20	

【3】	1	①		②		2	①		②	
	3	①		②		4	①		②	
	5	①		②		6	①		②	
	7	①		②		8	①		②	
	9	①		②		10	①		②	

【4】	1	
	2	
	3	
	4	
	5	

(45分)

☆答えは全て、「解答用紙」に書きなさい。

【一】次の文章を読んで、後の問いに答えなさい。（本文中の[1]～[13]は段落の番号です。）

[1]「体重三〇トンのクジラから、五〇〇グラムの海鳥まで、みな秒速一メートルから二メートルで海の中を泳いでいた！」

[2] 私たちの研究グループによるこの発見は、二〇〇七年初頭に研究論文として公表された。

[3] 一九五〇年に、「幾何学的《きかがくてき》に相似な動物は、体の大きさにかかわらず、同じ速度で走り、泳ぐであろう」と予測したのは、イギリスの筋肉生理学のヒル博士である。この予測の下に、①陸上動物については研究が進み、予測と実測の一致《いっち》や不一致がさまざまに論じられてきた。

[4] ところが水中動物についての研究のaシンテンは、はかばかしくなかった。ヒル博士の[i]から半世紀も経《た》ってから、[i]を裏付ける実証データをようやく手にすることができたのである。

[5] 陸上動物が歩いたり走ったり跳《と》んだりする様子は、観察することが可能である。[A]エンペラーペンギンなど、子供はちょこちょこと歩くことで結果的に成鳥と同じ速さで歩いている。わざわざ南極のペンギンを持ち出さずとも、私たちの身の回りで見かける動物を見ていれば、似たようなことは実感できる。

[6]「地球上で暮らしている動物たちの動く速さなど、とっくの昔に調べられているはずだ」。世間の人々は皆《みな》そう思っているのではないか。かくいう私もそう思っていた。[B]意外なことに、水の中で暮らす動物たちのことはちっともわかっていなかったのである。

[7] 私たちヒトは陸上の動物である。普段《ふだん》陸上で暮らしていれば、どうしても身の回りの動物のことが気になる。研究者たちが視界に入ってくる対象にbキョウミを抱《いだ》き、陸上動物から調べ始めたのは当然の成り行きであった。一方、水の中にも多くの動物が暮らしているわけだが、研究者が水中にいる動物を調べようと思っても、自分自身が呼吸できない水の中では長時間の観察はcムズカしい。網《あみ》を使って捕獲《ほかく》した水生動物を陸上に引き上げれば、手にとってしげしげと眺《なが》めることはできるだろう。しかし、ヒトにとって都合のよい陸上は、研究対象となる水生動物にとっては都合が悪い。結果的に、研究者は死んだ動物を眺めることになる。

[8] 動く物と書くとおり、動物最大の特徴《とくちょう》は動く点にある。彼《かれ》らの本質を理解するためには、本来の生息環境《かんきょう》で生き生きと振《ふ》る舞《ま》っている個体を観察する必要がある。ところが、水中に暮らす動物、それも広い海を泳ぎ回る大型の動物たちを連続的に観察することはできなかった。

[9] 近年、そんな海洋大型動物の水中における行動や生理について、現場で詳細《しょうさい》に記録できるdカッキテキな装置が生み出された。陸上の動物では一〇〇年も前に知られているような基本的なことなのに、海洋動物ではまだわかっていないといったことが数多くある。そういった数々の謎《なぞ》に迫《せま》ることが、今や可能となったのである。

[10] ②それには「データロガー」というハイテク機器が、重要な役割を果たしている。動物に直接取り付けられるほど小型化した記録計を使うことによって、これまで人々が直接観察できなかった水中の動物について、いろいろ調べられるようになった。耐圧《たいあつ》防水容器に収められたデジタルカメラも登場した。彼らの世界を文字通り「目《ま》の当たり」にすることができるようになったのである。最近では毎年のように新たな道具が登場していることもあり、「バイオロギングサイエンス」という新しい研究分野が生まれ、動物の行動や生理が次々に明らかになっている。

[11] [C]、これが一番強調したいことなのだが、この研究分野では日本の研究グループが先導的役割を果たしている。西洋生まれの研究手法が日本に導入にされて花開いたのではない。日本で生まれた新型装置によって予想を上回る研究成果が次々と生まれ、装置や手法が世界に波及《はきゅう》していったのだ。

[12] もちろん日本の一人勝ちというわけではない。諸外国のグループたちも、次々と新たな装置を作り出している。時にはライバルとして切磋琢磨《せっさたくま》し、またあるときには共同研究者として協力し合う。そんな理想的なネットワークが、国にまたがってできあがりつつあるのだ。

（中　略）

[13] 何かを発見するというのは、実に楽しいものである。調査の現場でとんでもないものを目にしたとき、[D]、フィールドから持ち帰ったデータを休日の研究室で解析《かいせき》しているときに、きれいな相関関係が得られたりすると、飛び上がりたく

なるような気分になる。「世界広しといえど、その瞬間《しゅんかん》そのことを知っているのは自分一人だけなのだ」。しかし、一人でその発見を独占《どくせん》しても仕方がない。せっかく見つけたことは、世界中の人に伝えたい。そこで、eゲンミツな意味を考えながら慣れない英語で論文を記述していくことになるのだが、③その作業は、正直言ってしんどい。しかし、「教科書や百科事典を書き換《か》えてもらわねば！」といった夢を見ながら執筆《しっぴつ》に励《はげ》むのである。

（佐藤克文『ペンギンもクジラも秒速2メートルで泳ぐ』光文社新書より。
なお、出題の関係上、本文の一部を省略・変更しています。）

問一　═線部a～eのカタカナを漢字に直しなさい。

問二　[　]A～Dにあてはまる言葉として最も適当なものを次のア～エの中から一つずつ選び、記号で答えなさい。
（ただし同じ言葉は二度使えません。）

ア　あるいは　　イ　たとえば　　ウ　ところが　　エ　そして

問三　次の一文は[1]～[13]のいずれかの段落の最後に入ります。最も適当な段落を段落番号で答えなさい。

結果的に、陸上動物に比べて海洋大型動物の調査研究は大きく後《おく》れをとっていた。

問四　──線部①「陸上動物については研究が進み」とありますが、研究が進んだ理由を説明した左の文の[　]Ⅰ～Ⅳにあてはまる言葉を、それぞれ指定の字数で本文中からぬき出して答えなさい。

普段《ふだん》[Ⅰ（四字）]で見かける陸上動物は[Ⅱ（四字）]になりやすいうえに、本来の[Ⅲ（四字）]で行動する様子を[Ⅳ（二字）]的に観察することができるから。

問五　本文中の二つの[i]には同じ言葉が入ります。あてはまる言葉を本文中から二字でぬき出して答えなさい。

問六　──線部②「それ」が指している内容を説明した左の文の[　]Ⅰ～Ⅲにあてはまる言葉を、それぞれ指定の字数で本文中からぬき出して答えなさい。

水の中で暮らしているため[Ⅰ（十字）]海洋生物の[Ⅱ（五字）]について詳《くわ》しく記録でき、それによって海洋生物に関してわかっていなかったことが[Ⅲ（九字）]こと。

問七　──線部③「その作業」について、次の（1）、（2）の問いに答えなさい。

（1）「その作業」とはどのような作業ですか。「～作業。」に続くように本文中から十二字でぬき出して答えなさい。

（2）この文章の筆者が「その作業」を行う理由を説明した左の文の[　]Ⅰ・Ⅱにあてはまる言葉を、それぞれ指定の字数で本文中からぬき出して答えなさい。

調査によって新たに[Ⅰ（二字）]したことを[Ⅱ（十字）]から。

問八　本文の内容に合うものを次のア～エの中から一つ選び、記号で答えなさい。

ア　陸上生物の行動や生理についての研究において、日本は中心的な役割を担《にな》っており、動物を観察するための新しい技術を導入することで先進的な研究を進めている。

イ　水中に暮らす動物の研究において、日本は先導的な役割を担っており、外国から最新の機器を導入することで、他国よりも優《すぐ》れた研究成果を次々に発表している。

ウ　「バイオロギングサイエンス」の分野では、日本の研究グループが先導的な役割を果たし、外国の研究グループと競《きそ》ったり協力したりしながら研究を進めている。

エ　動物の生態についての研究において日本の研究グループが中心的な役割を果たし、新しい発見を次々に発表することで、教科書や百科事典の更新《こうしん》に貢献《こうけん》している。

【二】次の文章を読んで、後の問いに答えなさい。

著作権に関係する弊社の都合により本文は省略いたします。

教英出版編集部

（あさのあつこ『晩夏のプレイボール』ＫＡＤＯＫＡＷＡより。なお、出題の関係上、本文の一部を省略・変更しています。）

問一　＝＝線部ａ～ｅのカタカナを漢字に直しなさい。

問二　［Ａ］にあてはまる言葉として最も適当なものを次のア～エの中から一つ選び、記号で答えなさい。

ア　なだめる　イ　責める　ウ　見下す　エ　しかる

問三　――線部①「一つでも多く勝ちたい」とありますが、「律」はなぜそのように思ったのでしょうか。その理由を説明した左の文の［　　］Ⅰ～Ⅲにあてはまる言葉を、それぞれ指定の字数で本文中からぬき出して答えなさい。

［Ⅰ（五字）］から［Ⅱ（二字）］に転向しなければならないという辛《つら》い経験を乗《の》り越《こ》え、［Ⅲ（十三字）］「真郷《まさと》」を、できるだけ多く試合に出させてやりたいと思ったから。

問四　――線部②「おれたち、負けちゃうよ。けど、ええよな。おれたち、ようがんばったよな」について、ここでの「律」の心情として最も適当なものを次のア～エの中から一つ選び、記号で答えなさい。

ア　どうして必死になって努力してきた自分たちが負けなければならないのか納得《なっとく》できず、いらだちを感じており、それを「真郷」にもわかってほしいと思っている。

イ　自分たちが必死になって努力してきたことは確かなのだから、この負けは仕方がないと自分自身に言い聞かせ、「真郷」にも同意を得ようとしている。

ウ　勝利を目指して頑張《がんば》ってきたが、負けを認めざるを得ない状況《じょうきょう》の中で、どうしようもない悔《くや》しさを「真郷」にぶつけようとしている。

エ　目標を達成することができず、このまま試合に負けてしまうことに対する辛さを、共に頑張ってきた「真郷」に慰《なぐさ》めてもらおうとしている。

問五　――線部③「持ってきてるんか？」について、次の（１）、（２）の問いに答えなさい。

（１）「真郷」は「律」に何を持ってきているのかと尋《たず》ねたのですか。本文中から三字でぬき出して答えなさい。

（２）持ってきたものが「律」や「真郷」にとってどのようなものであったのかを説明した左の文の［　　］Ⅰ～Ⅲにあてはまる言葉を、それぞれ指定の字数で本文中からぬき出して答えなさい。

［Ⅰ（三字）］に出場するため［Ⅱ（五字）］になるまで［Ⅲ（二字）］した努力の象徴《しょうちょう》。

問六　［Ｂ］にあてはまる言葉として最も適当なものを次のア～エの中から一つ選び、記号で答えなさい。

ア　また　イ　そして　ウ　だから　エ　しかし

問七　——線部④「こいつを試合に出してやりたいなんて……おれ、思い上がっていたんやな」とありますが、「律」がこのように思ったのは「真郷《まさと》」にどのような思いを持っているからですか。あてはまらないものを一つ選び、記号で答えなさい。

ア　仲間だと思う気持ち。

イ　あこがれる気持ち。

ウ　近寄りがたい気持ち。

エ　信頼《しんらい》する気持ち。

問八　——線部⑤「律は握《にぎ》り締めた練習球を一塁《るい》に向かって突《つ》き出した」に表れている「律」の気持ちとして最も適当なものを次のア～エの中から一つ選び、記号で答えなさい。

ア　厳《きび》しい試合状況《じょうきょう》の中、もう勝負はついてしまったが、今までの努力は決して無駄《むだ》にはならないだろうと強く思っている。

イ　厳しい試合状況の中、ピッチャーとして不甲斐《ふがい》ない自分自身を責め、頑張《がんば》ってきた「真郷」に対して申し訳なく思っている。

ウ　厳しい試合状況ではあるが、自分たちの力であれば必ず逆転できるだろうと信じ、とにかく試合に集中しようと思っている。

エ　厳しい試合状況であるが、必死になって次の打者につないだ「真郷」の姿を見て、自分も決して諦《あきら》めないと強く思っている。

注意 ： 答えはすべて結果だけを別紙の解答用紙に記入しなさい。

(45分)

【1】次の□にあてはまる数を求めなさい。

（1） $4\times5+28\div4=$ □

（2） $60\div(12-14\div2)=$ □

（3） $\frac{3}{10}\times\frac{40}{9}+\frac{25}{18}\div\frac{5}{6}=$ □

（4） $6\times6\times3.14+8\times8\times3.14=$ □

（5） $\frac{3}{4}\times0.8+1.1\times\frac{10}{3}=$ □

（6）直径8 *cm* の円の円周の長さは□ *cm* です。ただし，円周率は3.14とします。

（7）定価3000円の品物があります。ここから定価の□%を値引きすると2400円になります。

（8）太郎くんはノートを15冊持っています。太郎くんと次郎くんの持っているノートの冊数の比は3：5です。このとき，次郎くんはノートを□冊持っています。

（9）60と84の最小公倍数は□です。

(10) 花子さんは，A町からB町に行くために時速4 *km* の速さで3時間30分歩きました。同じ道を通ってB町からA町に戻るために，時速10 *km* の速さで走ったとき，B町を出発してからA町に着くまでにかかる時間は□時間□分です。

【2】次の図形の斜線部分の面積をそれぞれ求めなさい。
ただし，円周率は3.14とします。

（1）

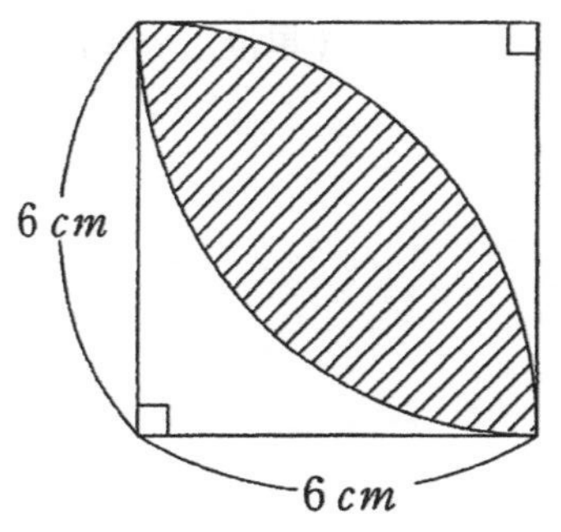

（2）

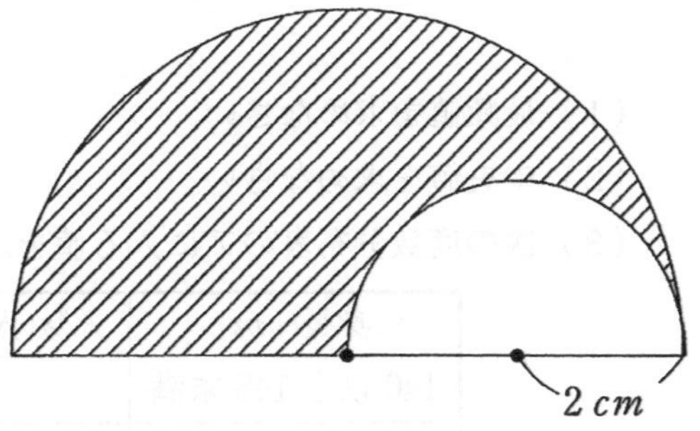

【3】次の図は，ある円柱の展開図です。ただし，円周率は3.14とします。

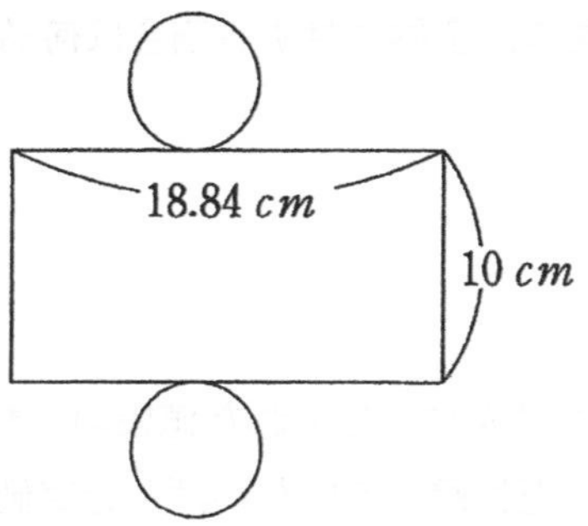

（1） 底面の円の直径を求めなさい。

（2） この展開図を組み立ててできる円柱の体積を求めなさい。

【4】ある中学校の1年生20人について身長を測定したところ，次のようになりました。

154，149，153，157，146，141，164，155，153，158
143，156，147，158，153，161，150，160，145，157
（単位：cm）

（1）最頻値を求めなさい。
（2）中央値を求めなさい。
（3）次の度数分布表のアに入る値を求めなさい。

身長(cm)	人数(人)
140以上145未満	
145以上150未満	
150以上155未満	ア
155以上160未満	
160以上165未満	
計	20

（4）最も人数の多い階級に入っている人数の，全体に対する割合は何％か求めなさい。

【5】ある店では，1個4000円で仕入れたかばんに，仕入れた値段の4割の利益が出るように定価を決めています。お正月に，売れ残っていたかばんを定価の25％引きで売り出したところ，30個あったかばんがすべて売れました。

（1）　お正月に，このかばんは1個いくらで売り出したか求めなさい。

（2）　お正月に売れたかばんで，全部でいくらの利益が出たか求めなさい。

【6】右の図のような，2つの円柱が上下に重なった形の容器があります。下側にある円柱Aの底面積は400 cm^2，上側にある円柱Bの底面積は100 cm^2 で，容器の厚さは考えないものとします。円柱Bの上部から水を注いでいき，円柱Aがいっぱいになったら円柱Bに水が入っていきます。

この容器に毎秒一定の割合で水を入れていましたが，途中で水があふれそうになったので，水を一度止め，その後はじめより注ぐ割合を減らして容器いっぱいにしました。

このとき，横軸に注ぎ始めてからの時間，たて軸に円柱Aの下の面からみた水面の高さをとったグラフをかくと，下の図のようになります。

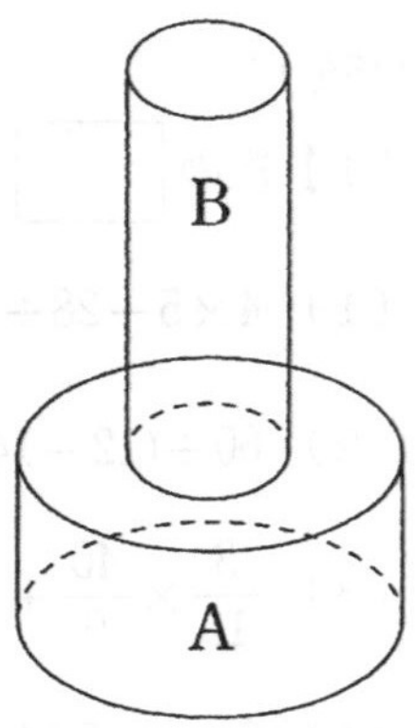

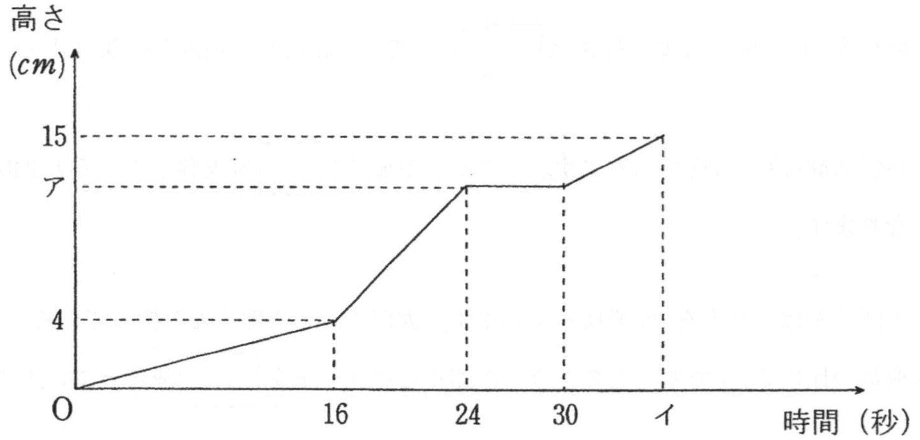

（1）　円柱Aに水が注がれているとき，水面の高さは1秒間あたり何cmずつ高くなるか求めなさい。

（2）　はじめに注いでいた水の体積は1秒間あたり何 cm^3 か求めなさい。

（3）　円柱Bに水が注がれ始めてから水を止めるまでの間，水面の高さは1秒間あたり何cmずつ高くなるか求めなさい。

（4）　グラフのたて軸にある「ア」にあてはまる数を求めなさい。

（5）　水を止めてもう一度注ぐとき，はじめの半分の割合で注いだとします。このとき，グラフの横軸にある「イ」にあてはまる数を求めなさい。

＊解答はすべて解答用紙に書きなさい。

（30分）

【１】次の英単語の意味を日本語で書きなさい。なお、数を書く場合は、数字と漢字のどちらでもかまいません。また、カタカナを用いてもかまいませんが、英語をそのままカタカナになおしたものは不可とします。（例：car　○ クルマ　/　× カー）

1. calligraphy　2. triangle　3. umbrella　4. grandmother

5. zebra　6. airplane　7. January　8. strong

9. sheep　10. bridge

【２】次の日本語の意味になるように、各英文のかっこに入れるのに正しい語(句)をア～ウより選び、その記号を答えなさい。

1. 私の兄はナスを食べられません。

My brother (　　　) eat eggplants.

ア．don't　イ．can't　ウ．isn't

2. その山はとても大きかったです。

The mountain (　　　) very big.

ア．did　イ．is　ウ．was

3. ライオンはサバンナに住んでいますか。

(　　　) lions live in the savanna?

ア．Do　イ．Are　ウ．Is

4. あなたのお姉さんの誕生日はいつですか。

(　　　) is your sister's birthday?

ア．How　イ．What　ウ．When

5. まっすぐ行って、右に曲がりなさい。

Go straight and (　　　) right.

ア．turn　イ．go　ウ．do

6. その宿題はとても簡単です。

The homework (　　　) very easy.

ア．am　イ．is　ウ．are

7. あなたの名前のつづりを教えてください。

(　　　) do you spell your name?

ア．What　イ．How　ウ．Who

8. 私はバスの運転手です。

I (　　　) a bus driver.

ア．am　イ．are　ウ．is

9. 私は土曜の朝はたいてい犬の散歩をします。

I usually (　　　) my dog on Saturday morning.

ア．take　イ．walk　ウ．go

10. あなたのヒーローはだれですか。

(　　　) is your hero?

ア. Who　　イ. How　　ウ. What

11. 私は毎朝オムレツを食べます。

I (　　　) an omelet every morning.

ア. ate　　イ. have　　ウ. am

12. 私は冬休みに動物園へ行きました。

I (　　　) to the zoo during the winter vacation.

ア. watched　　イ. go　　ウ. went

13. あなたは悲しくありません。

You (　　　) not sad.

ア. do　　イ. can　　ウ. are

14. 私は毎晩、お皿洗いをします。

I (　　　) the dishes every evening.

ア. wash　　イ. watch　　ウ. went

15. 私は昨日の夜、ステーキを食べました。

I (　　　) steak last night.

ア. ated　　イ. eat　　ウ. ate

16. 私はヘビが好きではありません。

I (　　　) like snakes.

ア. isn't　　イ. don't　　ウ. can't

17. あなたは何色が好きですか。

(　　　) color do you like?

ア. What　　イ. Why　　ウ. How

18. そのホットケーキとオレンジジュースは美味しいです。

The pancakes and orange juice (　　　) delicious.

ア. is　　イ. are　　ウ. am

19. 私は遠足を楽しみました。

I (　　　) the field trip.

ア. was　　イ. fun　　ウ. enjoyed

20. あなたはどこでその歌手を見ましたか。

(　　　) did you see the singer?

ア. When　　イ. Who　　ウ. Where

【３】次の日本語の意味になるように、ア～ウもしくはア～エの与えられた語を並べかえて英文を完成させたとき、（①）と（②）に入る語の記号を答えなさい。なお、与えられた語はそれぞれ一度しか使えません。また、文のはじめに来る語の一文字目も小文字で与えられています。

1. そのシャツはいくらですか。

[ア. the shirt / イ. much / ウ. how / エ. is]

(①)(　　)(②)(　　)?

2. 私は中国語を勉強したいです。

[ア. want / イ. I / ウ. study / エ. to]

(①)(　　)(②)(　　) Chinese.

3. あなたはたいてい何時にお風呂に入りますか。

[ア. time / イ. do / ウ. you / エ. what]

(①)(　　)(②)(　　) usually take a bath?

4. 私は香川出身ではありません。

[ア. I / イ. from / ウ. not / エ. am]

(①)(　　)(②)(　　) Kagawa.

5. あなたはなぜ新聞を読むのですか。

[ア. do / イ. you / ウ. why / エ. read]

(①)(　　)(②)(　　) the newspaper?

6. あなたは上手に歌うことができますか。

[ア. sing / イ. well / ウ. you / エ. can]

(①)(　　)(②)(　　)?

7. 彼の弟は何さいですか。

[ア. how / イ. is / ウ. old / エ. his brother]

(①)(　　)(②)(　　)?

8. あなたは水泳が得意ですか。

[ア. you / イ. at / ウ. good / エ. are]

(①)(　　)(②)(　　) swimming?

9. あなたは理科が好きですか。

[ア. science / イ. do / ウ. you / エ. like]

(①)(　　)(②)(　　)?

10. はい、好きです。　＊9. に対する答えとして。

[ア. do / イ. yes / ウ. I]

(①), (　　)(②).

【４】タロウさんは、英語で自分のホームページを作りました。次の英文は、そのホームページに書いてあるタロウさんの自己紹介の一部です。これを読み、その内容に関する問いに対し、答えを日本語で書きなさい。なお、数を書く場合は、数字と漢字のどちらでもかまいません。また、カタカナを用いてもかまいませんが、英語をそのままカタカナになおしたものは不可とします。

My name is Taro Kobayashi. I live in Kagawa in Japan. I'm thirteen years old. I like baseball and table tennis. I'm in the baseball team. We usually practice baseball on Monday, Wednesday, and Friday. I usually play table tennis with my friends on Thursday and Saturday. I like the guitar, too. I usually play the guitar on Tuesday and Sunday. I have a sister. Her name is Hanako. She is eleven years old. She can play the piano very well. We sometimes play music together on Sunday. My father is a baker. His bread is very popular.

問１．タロウさんは木曜日にたいてい何をしますか。
問２．タロウさんは金曜日にたいてい何をしますか。
問３．タロウさんの妹のハナコさんは、タロウさんの何さい年下ですか。
問４．タロウさんが、ハナコさんとときどき音楽を演奏するのは、何曜日ですか。
問５．下線を引いた一文を日本語になおしなさい。

令和三年度　大手前丸亀中学校　中学入試　国語　解答用紙

受験番号

氏名

合計

※100点満点
(配点非公表)

【一】

問一　a　b　c　d　e

問二　A　B　C　D

問三

問四　Ⅰ　Ⅱ　Ⅲ　Ⅳ

問五

問六　Ⅰ　Ⅱ　Ⅲ

問七　1　2　Ⅰ　Ⅱ

作業。

問八

【一】小計

【二】

問一　a　b　c　d　e

問二

問三　Ⅰ　Ⅱ　Ⅲ

問四

問五　1　2　Ⅰ　Ⅱ　Ⅲ

問六

問七

問八

【二】小計

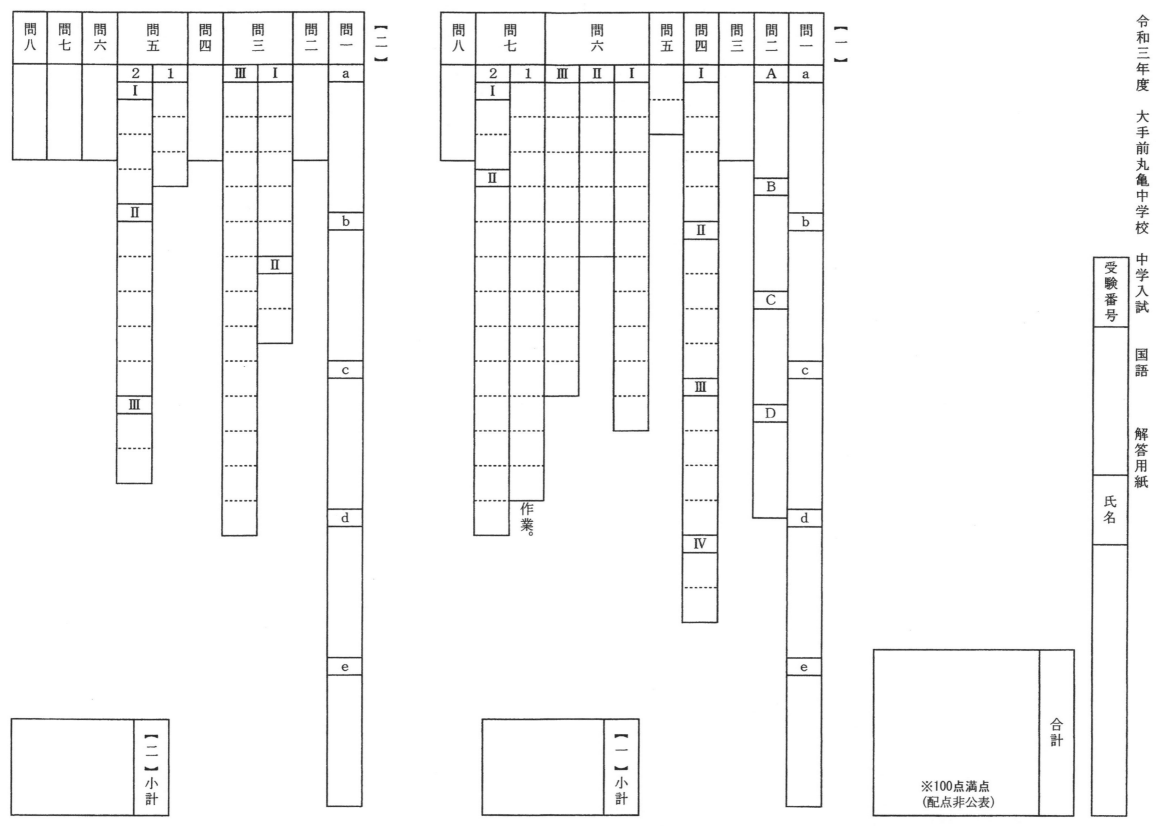

令和３年度　大手前丸亀中学校　中学入試　算数　　解答用紙　　大手前丸亀中学校　令和３年１月23日実施

受験番号		小学校名	小学校	名前	

得点	※100点満点 (配点非公表)

【1】	(1)		(2)		(3)		(4)	
	(5)		(6)	cm	(7)	%	(8)	冊
	(9)		(10)	時間　分				

【2】	(1)	cm^2	(2)	cm^2

【3】	(1)	cm	(2)	cm^3

【4】	(1)	cm	(2)	cm	(3)		(4)	%

【5】	(1)	円	(2)	円

【6】	(1)	cm	(2)	cm^3	(3)	cm
	(4)		(5)			

令和3年度　大手前丸亀中学校　中学入試　英語　解答用紙　　令和3年1月23日実施

受験番号		小学校名	小学校	氏名	

得点	(配点非公表)

【1】	1		2		3		4	
	5		6		7		8	
	9		10					

【2】	1		2		3		4		5	
	6		7		8		9		10	
	11		12		13		14		15	
	16		17		18		19		20	

【3】	1	①		②		2	①	②	
	3	①		②		4	①	②	
	5	①		②		6	①	②	
	7	①		②		8	①	②	
	9	①		②		10	①	②	

【4】	1	
	2	
	3	
	4	
	5	

令和二年度　大手前丸亀中学校　入学試験　国語（45分）　問題用紙　その一

【一】次の文章を読んで、後の問いに答えなさい。

　タンポポは綿毛《わたげ》で種子を風に乗せる。
①この綿毛は、どのようにしてできるのだろう。

　タンポポの綿毛は、植物学では「冠毛《かんもう》」と呼ばれている。タンポポの冠毛は、花の[注1]がくが変化したものである。種子から冠毛が生えているというのは、奇妙《きみょう》な感じがするかもしれないが、冠毛で飛んでいくのは種子ではない。じつは種子のように見えるものは、実なのである。ただ、タンポポの場合は実の中に、種子が一粒《つぶ》入っていて、ほとんど実と種子は同じである。果肉は、ほとんどないので、タンポポの実は痩果《そうか》と呼ばれている。種子が熟すと、まるで傘《かさ》を開くように冠毛が開く。そして、風を受けて飛んでいくのである。

　[　A　]、タンポポには大きく分けて、日本にもともとある日本タンポポと、外国からやってきた西洋タンポポの二種類がある。この二種類は、花の下側にある総包片《そうほうへん》で見分けられる。西洋タンポポは総包片が反《そ》り返るが、日本タンポポは総包片が反り返らないのである。

　他にも違《ちが》いはある。日本タンポポは春しか花を咲《さ》かせない。これに対して、西洋タンポポは、一年中、いつでも花を咲かせることができる。そして、何度でも花を咲かせて、種子を生産するのである。

　[　B　]、種子の大きさは、日本タンポポよりも西洋タンポポの方が小さい。種子が小さくて軽いと、それだけ遠くまで飛ぶことができる。さらに、種子のサイズが小さければ、それだけ種子をたくさん生産することができる。つまり、②西洋タンポポの方が、遠くまで飛ぶ種子をたくさん飛ばすことができるのである。

　さらに西洋タンポポはふつうの種子ではなく、クローン種子を作るアポミクシスという特殊《とくしゅ》な能力を身につけている。そのため、受粉する相手がいなくても一株《ひとかぶ》あればどんどん増えることができるのである。

　こう考えると、③西洋タンポポの方が有利なように思える。しかし、そう簡単ではないのが、面白《おもしろ》いところだ。じつは、④昔からの自然が残っているような場所では、西洋タンポポよりも、日本タンポポの方が有利なのだ。

　日本タンポポは西洋タンポポよりも種子が大きい。

　遠くまで飛ばすという点では大きくて重い種子は不利かもしれない。[　C　]、大きくて重い種子からは、大きな芽を出すことができる。これは他の植物の芽生えと競《きそ》って伸《の》びるためには、必要なことだ。さらに、他の花の花粉と交配することで、バラエティにaトんださまざまな子孫を残すことができる。多様な子孫を残すということも、多様な環境《かんきょう》があり、さまざまな病害虫に対処しなければならない自然の中で生き残るには大切なことである。

　そして、重要な戦略は「春にしか咲かない」ということである。[　i　]は春に咲いて、さっさと種子を飛ばすと、根だけ残して地面から上は自《みずか》ら枯《か》れてしまう。これは、冬眠《とうみん》のbギャクで夏に地面の下で眠《ねむ》っているので、「夏眠《かみん》」と呼ばれている。

　夏が近づくと、他の植物が枝葉を伸ばし、生い茂《おしげ》る。そんなところで、小さなタンポポが頑張《がんば》っても、光は当たらず生きていくことができない。そこで、強い植物との無駄《むだ》な争いを避《さ》けて、地面の下でやり過ごすのである。ライバルが多い夏にナンバー1になることはcムズカしいから、ライバルたちが芽を出す前に、花を咲かせて種を残すという戦略なのである。

　一方、西洋タンポポは日本のdシキを知らないから、他の植物が生い茂る夏の間も、葉を広げ花を咲かせようとする。そのため、西洋タンポポは枯れてしまい、生きていくことができないのだ。同じように枯れているように見えても、自ら葉を枯らして眠っている日本タンポポはまったくダメージがない。一年中咲いている西洋タンポポに比べて、春しか咲かない日本タンポポは劣《おと》っているようにも思えるが、じつは戦略的だったのだ。

　このように、西洋タンポポは⑤他の植物が生えるような場所には生えることができない。だから、その代わりに他の植物が生えないような都会の道ばたで花を咲かせて、分布を広げているのである。西洋タンポポが広がり、日本タンポポが少なくなっているというeゲンショウは、単に他の植物が生えるようなもともとの日本の自然が減っているからだったのである。

（稲垣栄洋『スイカのタネはなぜ散らばっているのか』より。なお、出題の関係上、本文の一部を省略・変更しています。）

注1　がく…花を構成している花葉のうち、いちばん外側にあるもの。

問一　――線部a～eのカタカナを漢字に直しなさい。

問二　【　】A～Cに当てはまる言葉として最も適当なものを、次のア～エの中からそれぞれ一つずつ選び、記号で答えなさい。（ただし、同じ記号は二度使えません。）

ア　また　　イ　しかし　　ウ　たとえば　　エ　ところで

問三　――線部①「この綿毛《わたげ》は、どのようにしてできるのだろう」とありますが、綿毛のでき方を説明した左の文の【　】Ⅰ～Ⅳに当てはまる言葉を、それぞれ指定の字数で本文中からぬき出して答えなさい。

> 【Ⅰ（一字）】の中に一粒《ひとつぶ》入った【Ⅱ（二字）】が熟すと、花の【Ⅲ（二字）】が変化して【Ⅳ（二字）】と呼ばれる綿毛になる。

問四　――線部②「西洋タンポポの方が、遠くまで飛ぶ種子をたくさん飛ばすことができる」とありますが、その理由を説明した左の文の【　】Ⅰ～Ⅳに当てはまる言葉を、それぞれ指定の字数で本文中からぬき出して答えなさい。

> 【Ⅰ（二字）】タンポポよりも【Ⅱ（二字）】タンポポの方が種子が【Ⅲ（六字）】のに加えて、たくさんの種子を【Ⅳ（二字）】することができるから。

問五　――線部③「西洋タンポポの方が有利なように思える」とありますが、その理由として適当ではないものを、次のア～エの中から一つ選び、記号で答えなさい。

ア　西洋タンポポは、花の下側にある総包片《そうほうへん》が反《そ》り返っているから。
イ　西洋タンポポは、一年中に何度でも花を咲かせて、種子を生産することができるから。
ウ　西洋タンポポは、遠くまでたくさんの種子を飛ばすことができるから。
エ　西洋タンポポは、受粉する相手がいなくてもどんどん増えることができるから。

問六　――線部④「昔からの自然が残っているような場所では、西洋タンポポよりも、日本タンポポの方が有利なのだ」とありますが、その理由を説明した左の文の【　】Ⅰ～Ⅳに当てはまる言葉を、それぞれ指定の字数で本文中からぬき出して答えなさい。

> 大きくて重い日本タンポポの種子は【Ⅰ（四字）】を出すことができ、【Ⅱ（四字）】と競《きそ》って伸《の》びる際に有利である。また、他の花の花粉と交配することで、さまざまな【Ⅲ（二字）】を残すことができ、多様な【Ⅳ（二字）】や病害虫に対処することが可能だから。

問七　[i]に当てはまる言葉として最も適当なものを、本文中から六字でぬき出して答えなさい。

問八　——線部⑤「他の植物が生えるような場所」とありますが、これと反対の意味で用いられている場所を示す言葉を、本文中から六字でぬき出して答えなさい。

問九　本文の内容に合うものを、次のア～エの中から一つ選び、記号で答えなさい。

ア　タンポポの実に果肉は存在しないため、綿毛で直接種子を飛ばしている。

イ　日本タンポポはアポミクシスという西洋タンポポにはない特徴《とくちょう》を身につけている。

ウ　西洋タンポポは自ら葉を枯《か》らして眠ることで、強い植物との無駄《むだ》な争いを避《さ》けている。

エ　日本タンポポの分布が少なくなっているのは日本の昔からの自然が減っているためである。

【二】次のあらすじと文章を読んで、後の問いに答えなさい。

あらすじ
早苗《さなえ》は慎也《しんや》と同じ高校を受験し、そのときに出題された小説の本を慎也にたのまれて貸していた。ところが、その数日後に発生した地震《じしん》による津波《つなみ》で慎也は行方《ゆくえ》不明になり、三カ月後に慎也の母である由美がその本を早苗に返しにやってきた。本は第一章しか読まれておらず、そこには木の葉のしおりが挟《はさ》まれていた。

四日前の六月七日に、法務省は死亡届の提出手続きを簡略化することを決定した。たとえ遺体が発見されていなくても、家族の申述書《しんじゅつしょ》などがあれば市町村役場に提出できることになったのだ。

法務省のホームページからは、申述書の様式がダウンロードできる。由美さんが帰ったあと、注1理津子さんは[A]その内容を確かめて、①「ひどいなあ……」とうめき声でつぶやいた。

早苗も見せてもらった。[B]目を通しただけでも、胸が締《し》めつけられた。

アンケートか問診《もんしん》票のような様式だった。

たとえば——。

〈本人の生存を、いつ、どのような方法で、最後に確認《かくにん》しましたか〉

〈現在に至るまで、本人から連絡《れんらく》がありましたか〉

〈本人からの連絡がない理由について、どのように考えますか〉——回答の選択肢《せんたくし》は二つ。〈本人の死亡以外の理由は考えられない〉か、記述式の〈その他の理由〉。

〈親族のうち、本人が死亡したものと納得《なっとく》していない人がいますか〉——今度も選択肢は二つ。〈いない〉ならそれでいいが、〈いる〉場合には、本人との関係や納得していない理由を記入することになっていた。

「こんなの家族が書かなきゃいけないの？」

思わず訊《き》くと、理津子さんは「お役所の書類だからしかたないわよ」とため息をついた。

「慎也くんのお父さんとお母さん、これを書いたの？」

「うん、ゆうべね」

「……つらかっただろうね」

よけいなこと言わないの、とたしなめられるだろうかと思っていたが、理津子さんは黙《だま》ってうなずいた。

申述書《しんじゅつしょ》はどこまでも事務的につくられている。必要最小限のもの以外はすべて削《そ》ぎ落とされ、理由を答える箇所《かしょ》はあっても、感情を伝える項目《こうもく》はどこにもない。理屈《りくつ》では割り切れない思いや、すっきりしない思いを捨て去らなければ、家族の死を届け出ることはできないのだ。

「でも、これくらい冷たくてそっけないほうが、かえっていいのかもね。踏《ふ》ん切りがつくもんね」

理津子さんはそう言って、「もう三カ月なんだから……」と②自分に言い聞かせるようにつづけた。

ゆうべ申述書を書き、今日の午前中に注2修太さんが警察署に出向いて、慎也《しんや》が発見できなかったことの証明書を出してもらった。そして午後、その証明書と申述書を市役所に提出して、受理された。明日の朝には菩提寺《ぼだいじ》や親戚《しんせき》に連絡《れんらく》して、遺体も遺骨もない葬儀《そうぎ》の準備にとりかかるのだという。

「近いうちに高校にも退学届を出すって言ってた」

「そう……」

名簿《めいぼ》からも慎也の存在が消える。名前だけなら残しておいてもいいのに――③身勝手だとわかっているから、くちびるを噛《か》んだ。

自分の部屋に戻《もど》って、由美さんから返してもらった本を開いた。木の葉のしおりは、手にとってみると、[C]ほんものの葉っぱだった。

インターネットで調べてみた。アルカリ性の漂白剤《ひょうはくざい》のaゲンエキに生の葉っぱを数時間浸《つ》けておくと、葉脈以外のところがふやけてやわらかくなり、歯ブラシや筆を使えば簡単に取りbノゾける。あとは白くなった葉っぱをインクで着色すればいいだけなので、出来映《できば》えさえそれほど気にしなければ家庭で手作りすることもできるのだという。

でも、これは慎也くんがどこかで買ってきたんだろうな、とスタンドの明かりに透《す》かして、ふふっと笑った。文房具《ぶんぼうぐ》屋さんだろうか。cザッカ屋さんだろうか。そういうお店でお洒落《しゃれ》なものを買うのが似合うタイプではないから、どんな顔をして品物を選んでレジに向かったのか、想像するとおかしくて、なんでこんなもの買ったんだろうなあ、と少しあきれて、気がつくと④嗚咽《おえつ》が漏《も》れていた。

三月十日の夜、ベッドで眠《ねむ》りに就《つ》く前にしおりを本に挟《はさ》んだとき、慎也はdヨクジツの午後に自分を待っている運命には気づいていない。⑤しおりを本に挟むというのはそういうことだ。一番小さな未来を信じた証《あかし》が、薄《うす》いひとひらのしおりなのだ。

明日、また――。

また、明日――。

あの夜も、数えきれないぐらいたくさんのひとが読みかけの本にしおりを挟んで眠り、それきりになってしまったひともたくさんいるのだろう。

しゃくりあげながら、小説を最初から読んでいった。章ごとに語り手の替《か》わる作品だった。入試に出題されていたのは第三章の一部だったが、慎也が読んだ第一章は、一見すると、そことはなんの関係もなさそうなパートだった。

つまらなかったかもね、と涙を拭《ぬぐ》うのを忘れて笑う。

ぱらぱらめくってみた感触《かんしょく》では、ストーリーは第二章からeイキオいがついている様子だった。

十日の夜のうちにがんばって第二章も読めばよかったのに、と洟《はな》をすする。そうすれば、つづきが気になって釣《つ》りをやめていたかもしれないのに。涙がまた目からあふれる。泣いても泣いても、すっきりなんかしない。考えてもしかたのない後悔《こうかい》が、どうしようもないことはわかっているのに、次から次へと湧《わ》いてくる。

第一章を読み終えた。

⑥早苗《さなえ》は挟《はさ》んであったしおりをはずし、小さく息を継《つ》いで、涙で文字がにじんで読み取れない白い頁《ページ》を、ゆっくりとめくった。

（重松清『また次の春へ』所収「しおり」文春文庫刊より。
なお、出題の関係上、本文の一部を省略・変更しています。）

注1　理津子さん…早苗の母。
注2　修太さん…慎也《しんや》の父。

問一　══線部a〜eのカタカナを漢字に直しなさい。

問二　[　　]A〜Cに当てはまる言葉として最も適当なものを、次のア〜オの中からそれぞれ一つずつ選び、記号で答えなさい。（ただし、同じ記号は二度使えません。）

ア　やはり　　イ　さっそく　　ウ　ずっと　　エ　ざっと　　オ　こっそり

問三　――線部①「『ひどいなあ……』とうめき声でつぶやいた」とありますが、その理由を説明した左の文の[　　]Ⅰ・Ⅱに当てはまる言葉を、それぞれ指定の字数で本文中からぬき出して答えなさい。

> 申述書《しんじゅつしょ》の様式が[Ⅰ（三字）]なもので、[Ⅱ（八字）]はなかったから。

問四　――線部②「自分に言い聞かせるようにつづけた」とありますが、このときの理津子さんの心情を説明した左の文の[　　]Ⅰ〜Ⅳに当てはまる言葉を、それぞれ指定の字数で本文中からぬき出して答えなさい。

> 慎也の両親の[Ⅰ（十二字）]や[Ⅱ（九字）]を想像するとやりきれないが、むしろ[Ⅲ（九字）]内容の方が、二人は[Ⅳ（七字）]かもしれないと自分に言い聞かせようとしている。

問五　――線部③「身勝手だとわかっているから、くちびるを噛《か》んだ」とありますが、このときの早苗《さなえ》の心情として最も適当なものを、次のア～エの中から一つ選び、記号で答えなさい。

ア　慎也《しんや》の生存を信じているので、あきらめてしまった慎也の両親に不満を感じるが、他人の自分が言うことではないとがまんしている。

イ　これまで通り慎也の生存を完全にあきらめることはしたくないと思うが、家族のこれまでの苦悩も想像できるので、悲しさをじっとこらえている。

ウ　名簿《めいぼ》には名前があることで、いつまでも慎也がそばにいると感じることができると思うが、その気持ちは自分にしかないと、怒《いか》りを感じている。

エ　葬式《そうしき》をしたり退学届を出したりすると、今後慎也が発見されたときに困るが、それは子供の自分が考えることではないと思い、大人に任せている。

問六　――線部④「嗚咽《おえつ》が漏《も》れていた」の意味として最も適当なものを、次のア～エの中から一つ選び、記号で答えなさい。

ア　声をこらえて泣《な》いていた

イ　大声をあげて泣いていた

ウ　人目を気にせず泣いていた

エ　怒りに震《ふる》えながら泣いていた

問七　――線部⑤「しおりを本に挟《はさ》むというのはそういうことだ」とありますが、どういうことか説明したものとして最も適当なものを、次のア～エの中から一つ選び、記号で答えなさい。

ア　自分に未来があると信じてそのための準備をしておくこと。

イ　いつもの自分とはちがう行動をした結果、未来が失われたということ。

ウ　途中《とちゅう》でやめてしまわずに読んでおけば、未来は変わったということ。

エ　たくさんのひとと同じ行動をとったのに、運命に気づかなかったということ。

問八　――線部⑥「早苗《さなえ》は挟んであったしおりをはずし、小さく息を継《つ》いで、涙で文字がにじんで読み取れない白い頁《ページ》を、ゆっくりとめくった」の早苗の心情を説明したものとして、最も適当なものを、次のア～エの中から一つ選び、記号で答えなさい。

ア　慎也が読むことのできなかった小説を、せめて自分が代わりに最後まで読もうと決心している。

イ　しおりを勝手にはずすことが慎也を無視するようでつらく、慎也の死を認められずにいる。

ウ　慎也が続きを読めなかったことに責任を感じるが、今さらどうすることもできず悲しみに暮《く》れている。

エ　慎也が行方《ゆくえ》不明になって悲しみに暮れているが、現実を受け入れながら少しずつ前に進もうとしている。

令和２年度　大手前丸亀中学校入学試験　算数試験問題

大手前丸亀中学校　令和２年１月25日実施　問題用紙その１

注意 ： 答えはすべて結果だけを別紙の解答用紙に記入しなさい。

(45分)

【１】次の□にあてはまる数を入れなさい。

（１）$26 - 27 \div 9 =$ □

（２）$14 \times 3.2 + 38 \times 3.2 - 11 \times 2 \times 3.2 =$ □

（３）$\frac{5}{2} - \frac{3}{4} - \frac{5}{8} =$ □

（４）$\frac{5}{6} \times 30 - \frac{3}{4} \times 32 =$ □

（５）$\frac{11}{8} \times \frac{20}{33} + \frac{14}{27} \div \frac{7}{9} =$ □

（６）$60 \div 12 - 4 +$ □ $= 52$

（７）A ◎ B ＝ A ÷ B ＋ A × B とするとき，32 ◎ 2 ＝ □ です。

（８）280 km の道のりを時速 □ km で進むと５時間36分かかります。

（９）半径の長さが５ cm である円の円周は □ cm です。
ただし，円周率は3.14とします。

(10) 3000円の３割引きは □ 円です。

【２】次の図の角ア，角イの大きさを求めなさい。

（１）

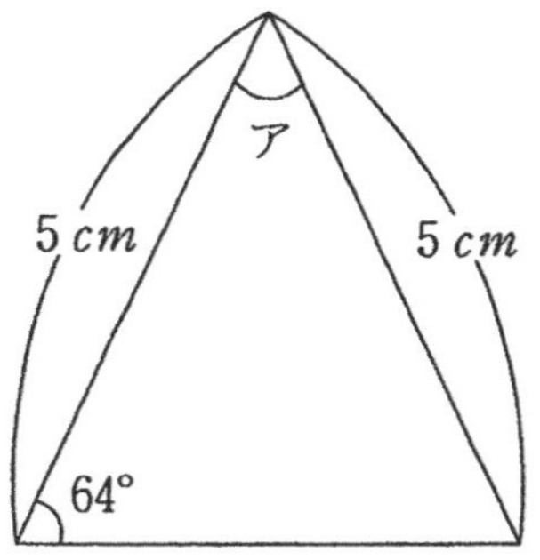

（２）

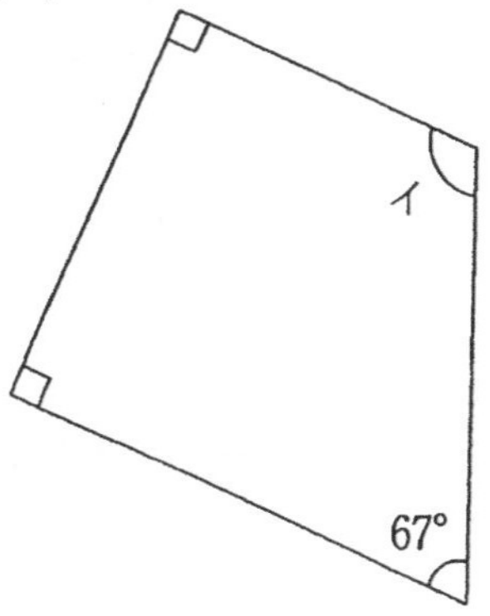

【３】右の図のような三角形ABCの面積は180 cm^2 で，点Ｄは辺BCを６等分する点の１つ，点Ｅは辺ABを４等分する点の１つ，点Ｆは辺DEの中点です。

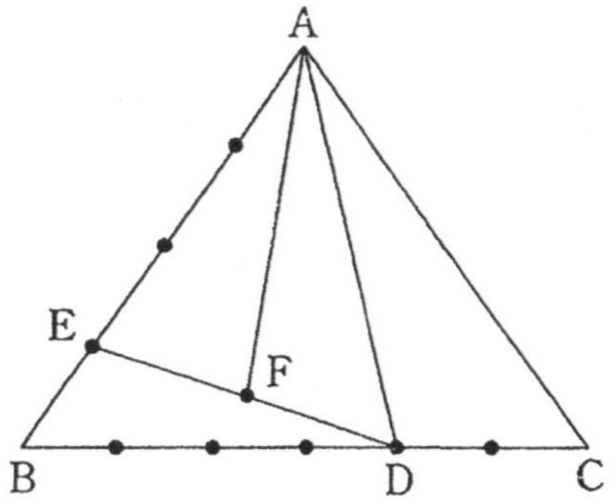

（１）三角形ABDの面積は何 cm^2 ですか。

（２）三角形BDEの面積は何 cm^2 ですか。

（３）三角形ABCの面積は三角形AFDの面積の何倍ですか。

【４】あるお店では，品物Ａを１個500円で100個仕入れ，品物Ｂを1000円で150個仕入れ，ともに20％の利益をみこんで定価をつけて売りました。品物Ａはすべて売り切れましたが，品物Ｂは売れ残ったためセールで定価の10％引きの値段で売り，すべて売り切れました。その結果，利益の合計は36400円となりました。

（１）品物Ａの定価を求めなさい。

（２）品物Ｂの利益の合計を求めなさい。

（３）品物Ｂはセールまでに何個売れ残ったのか求めなさい。

【５】次のようにある規則にしたがって数が並んでいます。

１，１，２，１，２，３，１，２，３，４，１・・・

（１）最初から20番目の数字は何ですか。

（２）最初から65番目の数字は何ですか。

（３）最初から65番目までの数の和はいくらですか。

【６】右のグラフは，弟がＡ町を出発してＢ町へ行き，Ａ町に帰ってきた時の様子と、兄はＢ町を出発してＡ町へ行き，Ｂ町に帰ってきた時の様子を表したものです。
ただし、弟と兄の移動する速さは一定とします。

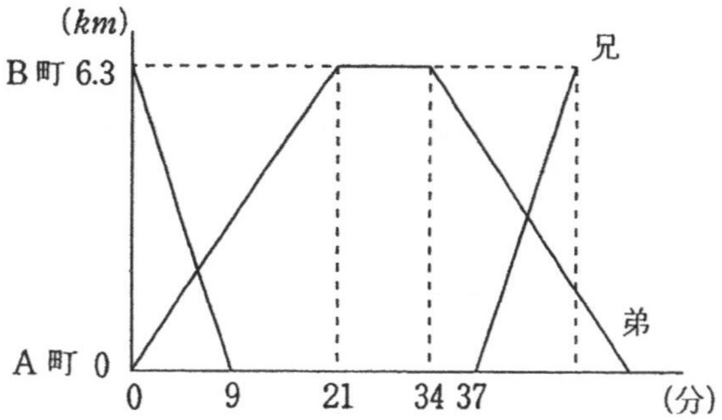

（１）兄の移動する速さは分速何 m ですか。

（２）弟の移動する速さは分速何 m ですか。

（３）兄が弟に二度目に出会うのは，兄がＢ町を出発してから何分何秒後ですか。

令和２年度　大手前丸亀中学校入学試験　英語　試験問題

＊解答はすべて解答用紙に書きなさい。

(30分)

【１】次の日本語の意味を表す英単語をア～コより選び、その記号を答えなさい。

1. ヒツジ　　2. えんぴつ　　3. 口　　4. 三角
5. バイオリン　　6. 郵便局　　7. いちご　　8. 動物園
9. 玉ねぎ　　10. 駅

ア. triangle　　イ. post office　　ウ. station　　エ. pencil
オ. onion　　カ. sheep　　キ. violin　　ク. zoo
ケ. mouth　　コ. strawberry

【２】次の英語の質問に対する返事として最も適切なものをア～オより選び、その記号を答えなさい。

1. How old are you?
2. How did you come here today?
3. What are you going to do this weekend?

ア. By bike.
イ. I have twelve.
ウ. I'm twelve.
エ. I'm going to see my grandparents.
オ. I usually play tennis on Monday.

【３】次の日本語の意味になるように、各英文のかっこに入れるのに正しい語(句)をア～ウより選び、その記号を答えなさい。

1. 彼は毎朝パンを食べます。
He (　　) bread every morning.
ア. eat　　イ. have　　ウ. has

2. 彼女はチェスをしません。
She (　　) play chess.
ア. doesn't　　イ. don't　　ウ. isn't

3. 彼は日本語が話せません。
He (　　) speak Japanese.
ア. isn't　　イ. can't　　ウ. not

4. 太郎は宿題をしました。
Taro (　　) his homework.
ア. do　　イ. does　　ウ. did

5. 彼は科学者ではありません。
He (　　) a scientist.
ア. is not　　イ. am not　　ウ. are not

6. 私は学校で歴史を勉強します。
I (　　) history at school.
ア. school　　イ. study　　ウ. student

7. 私は昨日、病気でした。

I (　　) sick yesterday.

ア. am　　イ. did　　ウ. was

8. 私は宇宙飛行士ではありません。

I (　　) an astronaut.

ア. am not　　イ. are not　　ウ. is not

9. 彼女は医者です。

She (　　) a doctor.

ア. am　　イ. are　　ウ. is

10. あなたは和食が好きですか。

(　　) you like Japanese food?

ア. Am　　イ. Are　　ウ. Do

11. あなたは今晩、何をするつもりですか。

What (　　) you do this evening?

ア. do　　イ. will　　ウ. can

12. 私は上手に歌えません。

I (　　) sing well.

ア. don't　　イ. aren't　　ウ. can't

13. 図書館へ行きましょう。

(　　) go to the library.

ア. Let's　　イ. Will　　ウ. Can

14. 彼はこの部屋を掃除しません。

He (　　) clean this room.

ア. isn't　　イ. don't　　ウ. doesn't

15. 私はバレーボールが好きではありません。

I (　　) like volleyball.

ア. don't　　イ. isn't　　ウ. am not

16. 彼女はこの学校の生徒ですか。

(　　) she a student at this school?

ア. Are　　イ. Is　　ウ. Am

17. 公園はどこにありますか。

(　　) is the park?

ア. What　　イ. Where　　ウ. How

【４】次の日本語の意味になるように、ア～ウもしくはア～エの与えられた語(句)を並べかえて英文を完成させたとき、(①)と(②)に入る語(句)の記号を答えなさい。なお、与えられた語(句)はそれぞれ一度しか使えません。また、文のはじめに来る語の一文字目も小文字で与えられています。

1. 彼女は薬剤師ではありません。

[ア. is / イ. she / ウ. a pharmacist / エ. not]

(①)(　　)(②)(　　).

2. 私はそこに行きたくありませんでした。

[ア. didn't / イ. I / ウ. to go / エ. want]

(①)(　　)(②)(　　) there.

3. あなたはサラダがほしいですか。

[ア. want / イ. do / ウ. some salad / エ. you]

(①)(　　)(②)(　　)?

4. いいえ、ほしくありません。　＊3.に対する答えとして。

[ア. I / イ. no / ウ. don't]

(①), (　　)(②).

5. あなたの名前は何ですか。

[ア. your / イ. name / ウ. what's]

(①)(　　)(②)?

6. あなたは中国出身ですか。

[ア. are / イ. from / ウ. you]

(①)(　　)(②) China?

7. 彼女はこの歌手が好きではありません。

[ア. like / イ. doesn't / ウ. she / エ. this]

(①)(　　)(②)(　　) singer.

8. 私はうれしくありませんでした。

[ア. not / イ. happy / ウ. was]

I (①)(　　)(②).

9. あなたはゴルフができますか。

[ア. can / イ. play / ウ. golf / エ. you]

(①)(　　)(②)(　　)?

10. はい、できます。　＊9.に対する答えとして。

[ア. can / イ. I / ウ. yes]

(①), (　　)(②).

令和二年度　大手前丸亀中学校　入学試験　国語　解答用紙

受験番号

氏名

合計

（配点非公表）

【一】

問一　a　b　c　d　e

問二　A　B　C

問三　Ⅰ　Ⅱ　Ⅲ　Ⅳ

問四　Ⅰ　Ⅱ　Ⅲ　Ⅳ

問五

問六　Ⅰ　Ⅱ　Ⅲ　Ⅳ

問七

問八

問九

小計

【二】

問一　a　b　c　d　e

問二　A　B　C

問三　Ⅰ　Ⅱ

問四　Ⅰ　Ⅱ　Ⅲ　Ⅳ

問五

問六

問七

問八

小計

令和2年度　大手前丸亀中学校入学試験　算数解答用紙

大手前丸亀中学校　令和2年1月25日実施

受験番号		小学校	小学校	名　前	

得　点	※100点満点

【1】	(1)		(2)		(3)		(4)	
	(5)		(6)		(7)		(8)	km
	(9)	cm	(10)	円				

4点×10

【2】	(1)	ア　°	(2)	イ　°		

4点×2

【3】	(1)	cm^2	(2)	cm^2	(3)	倍

5点×3

【4】	(1)	円	(2)	円	(3)	個

4点×3

【5】	(1)		(2)		(3)	

4点×3

【6】	(1)	分速　m	(2)	分速　m	(3)	分　秒後

(1)(2)4点×2　(3)5点

令和２年度　大手前丸亀中学校入学試験　英語　　解答用紙　　令和２年１月25日実施

受講番号		小学校名	小学校	氏名	

得点	(配点非公表)

【１】	1		2		3		4		5	
	6		7		8		9		10	

【２】	1		2		3	

【３】	1		2		3		4		5	
	6		7		8		9		10	
	11		12		13		14		15	
	16		17							

【４】	1	①		②		2	①		②	
	3	①		②		4	①		②	
	5	①		②		6	①		②	
	7	①		②		8	①		②	
	9	①		②		10	①		②	